함께
기도하는
—
밤

함께 기도하는 밤

2021년 5월 31일 교회 인가
2021년 9월 8일 초판 1쇄 펴냄
2023년 8월 21일 초판 2쇄 펴냄

지은이 · 이영제
펴낸이 · 정순택
펴낸곳 · 가톨릭출판사
편집 겸 인쇄인 · 김대영
편집 · 김소정, 정주화
디자인 · 박지현
마케팅 · 황희진, 임찬양

본사 · 서울특별시 중구 중림로 27
등록 · 1958. 1. 16. 제2-314호
전자우편 · edit@catholicbook.kr
전화 · 1544-1886(대표 번호)
지로번호 · 3000997

ISBN 978-89-321-1786-7 03230

값 16,000원

© 이영제, 2021

이 책은 저작권법에 의해 보호를 받는 저작물이므로 무단 전재와 무단 복제를 금합니다.

성경 · 전례문 · 교회 문헌 © 한국천주교중앙협의회, 2021

가톨릭의 모든 도서와 성물을 '가톨릭출판사 인터넷쇼핑몰'에서 만나 보실 수 있습니다.
http://www.catholicbook.kr · (02)6365-1888(구입 문의)

함께 기도하는 밤

이영제 지음

가톨릭출판사

머리말

삶에서 신앙으로, 다시 삶으로

"어떻게 하면 좀 더 쉽고 의미 있게 청년들에게 교리에 담긴 보물을 펼쳐 줄 수 있을까?"

서울대교구 청년부에서 YOUCAT 청년 교리서에 수록된 핵심적인 질문들에 관해 좀 더 쉽게 청년 주보에 글을 써 달라는 요청을 받은 후, 제 머리에서 계속 맴돌았던 질문이었습니다. 왜냐하면 교리를 단순히 '이건 해도 된다.', '이건 하지 마라.'라는 윤리적 계명으로 이해하거나 삶에 그다지 큰 도움을 주지 못하는 고리타분한 것으로 여기는 청년 신자들을 적지 않게 만났기 때문입니다. 이러한 고민 끝에 청년들이 공감

할 수 있도록 제가 만난 청년들과의 체험을 바탕으로 교리를 풀어 가야겠다고 마음먹었습니다.

  삶 속에서 우리가 하는 일들, 생각하는 것, 사람들과 맺는 관계, 그리고 수많은 경험을 통해 느끼는 감정들은 하느님께서 매일 우리를 새롭게 만나러 오시는 자리입니다. 그래서 미국의 저명한 신학자 토마스 그룹은 '삶에서 신앙으로, 다시 삶으로'라는 방법으로 교리 교육을 실현해야 한다고 강조합니다.

  삶은 신앙을 키워 나가는 출발점이며 하느님께서 전해 주신 놀라운 보물을 발견하도록 이끄는 열쇠가 됩니다. 자신이 살아가는 삶을 성찰하는 가운데 예수님께서는 복음의 빛으로 삶을 새롭게 바라보고 그것을 삶 속에서 실천하도록 우리를 이끌어 주십니다. 그런 의미에서 청년들이 교리를 단순히 맹목적으로 지켜야 하는 계명 또는 도서관에서나 발견할 수 있는 이미 옛것이 되어 버린 가르침으로 받아들이지 않기를 바랍니다. 교리는 우리가 그리스도인으로 살아가는 데 필요한 가치들에 복음적 의미를 부여하고 하느님과의 친밀한 관계를 형성해 주며 또 그분의 말씀에 따라 살아가도록 이끌어 주는 선물이기 때문입니다.

3년 동안 나누었던 청년 주보 원고를 다시금 정리하면서, 정말 많은 부분에서 부족함을 느끼게 되었습니다. 하지만 청년들과 함께했던 신앙생활을 다시금 떠올릴 수 있는 행복한 시간이었습니다. 때로는 서툴지만 열정적으로 살고자 노력하는 청년들과 함께한 시간 모두 제게 큰 축복이었습니다. 그들이 나누어 준 삶의 진솔한 고민, 기쁨과 슬픔, 꿈과 사랑을 통해 저는 더욱 성숙할 수 있었고 지금도 매일을 살게 하는 새로운 힘임을 고백하고 싶습니다. 오랜 시간 함께 나눈 글들을 통해 부족한 한 사제가 더욱 충실히 사제로 살도록 이끌어 주는 친구요, 스승이 되어 준 모든 청년에게 감사의 마음을 전합니다.

주보에 실렸던 글을 모아 놓다 보니 중요한 교리가 자주 반복되고 있음을 발견했습니다. 또 한정된 지면에 원고를 쓰다 보니 지나치게 압축하여 표현할 수밖에 없었던 부족함도 발견했습니다. 작은 소망이 있다면, 이러한 부족함에도 이 글을 통해 신자들이 하느님을 새롭게 만나고 그분과 사랑을 나누며 언제나 행복했으면 좋겠습니다. 그래서 이 작은 나눔이 어두운 밤에 삶에 대한 걱정으로 홀로 아파하는 이들에게 하느님과 함께하는 따뜻한 시간을 전해 주기를 간절히 기도합니다. 저의 기도를 여러분 모두에게 보내며, 이 나눔을 위해 함께해 준 분들과 하느님께 감사를 드립니다.

이영제 신부

차례

✦ 머리말 · 4

1장 성당에 오는 사람들이 모두 완벽한 것은 아닙니다

✦ 꼬마 아가씨의 사탕에 담긴 사랑 · 15
✦ 어느 비신자 청년의 기도 · 19
✦ 강동원 닮은 신부님과 함께하고 싶어요 · 22
✦ 더 이상 머리카락이 빠지지 않게 해 주세요! · 26
✦ 성당에 오는 사람들이 모두 완벽한 것은 아닙니다 · 29
✦ 그를 움직이는 힘 · 33
✦ 기적을 보고 싶다면 스스로 기적을 만들어 봐 · 37
✦ 프로그램이 먼저인가, 미사가 먼저인가 · 40
✦ 아버지의 1단 묵주 · 45
✦ 하느님, 어떻게 이러실 수 있죠? · 48
✦ 결과야 그렇지만 기도는 멈추면 안 되지요 · 52
✦ 학교는 빠져도 성당은 빠지면 안 돼! · 55
✦ 어머니 지갑에서 슬쩍한 5천 원 · 58
✦ 강요로 신부가 되는 건 싫어요 · 62
✦ 너 정말 진심으로 기도했냐? · 66
✦ 신부님, 저한테 왜 그러세요? · 69
✦ 신부님, 제가 모신 성체가 너무 작아요! · 73

- 싫어하는 신부님이 축성한 성체도 진짜 예수님일까요? · 77
- 어느 유황불로 가시겠습니까? · 80
- 하느님은 우등상보다는 개근상을 더욱 사랑하십니다 · 83
- 전 모르겠어요, 당신 맘대로 하세요! · 86
- 예수님께서 정말 40일 동안 단식하셨나요?
  누가 보고 성경에 썼나요? · 90
- 사도신경은 사도들이 신경 써서 만든 기도? · 94
- 예수님은 하느님 반, 인간 반? · 98

2장 사제가 되면 고해성사 내용을
잊게 해 주십시오

- 신부님, 이거보다 더 사랑해요! · 103
- 언제나 함께 · 106
- 예수님을 믿지만 교회는 믿을 수 없습니다 · 110
- 예수님께서 왔다 가셨어 · 113
- 묵주 공장 공장장 · 116
- 하느님은 우리를 사랑하시는 아버지? 거짓말! · 119
- 어느 자매님의 고백 · 123
- 왜 성인들에게 기도하는 것인가요? · 127
- 하느님께서 보내 주신 수호천사, 어머니 · 131
- 어머니의 따뜻한 품속 · 134

- 내 세례명은 '요셉' · 137
- 깨끗이 치운 책상 위 성모상과 묵주 · 141
- 오빠, 학사님, 부제님, 신!부!님! · 144
- 사제가 되면 고해성사 내용을 잊게 해 주십시오 · 147
- 왜 하필 가톨릭 집안에서 태어나서…… · 151
- 신비롭게 연결되어 있는 인간의 몸처럼 · 154
- 혼인성사를 두 번 받을 수 있나요? · 158
- 예수님, 저 화장실 가요, 밥 먹어요 · 162
- 인간이 어떻게 인간의 죄를 용서할 수 있죠? · 165
- 출근길에서 만나는 하느님 · 168
- 수녀원에 가서 기도만 하면 얼마나 좋을까요? · 171
- 청원이 이루어지지도 않았는데
  감사 기도를 바쳐도 될까요? · 174
- 버스에서 만난 아가씨 · 177
- 노잣돈과 '노자 성체' · 180

3장 신앙이라는 선물

- 신부님, 지난번에 쓰신 강론 그냥 쓰세요! · 185
- 피정에서의 묵상 노트 · 188
- 장례 미사에서 만난 할머니들 · 191
- 아기야, 이 엄마가 사랑한다는 것을 잊지 마렴 · 195

- 언제 어디서나 아멘! · 198
- 미사가 재미없어요 · 201
- 그들의 문화와 삶 속으로 · 204
- 신부님, 결혼하고 싶지 않으세요? · 208
- 고해성사 때 들려준 성경 말씀 · 212
- 하느님, 제발 저 좀 도와주세요 · 215
- 하느님은 우리 마음을 다 아시는데
  굳이 기도할 필요가 있을까요? · 218
- 모든 고민은 관계에서 비롯된다 · 222
- 우리 애가 이 힘든 세상을 어떻게 살아갈 수 있을까요? · 225
- 죽었다가 살아난 사람들도 예수님처럼 부활하나요? · 228
- 신앙이라는 선물 · 231
- 일상에서 배우는 기도 · 234
- 친한 누군가와 하는 대화처럼 · 238
- 어떤 선택을 해야 할까 · 241
- 내 죄는 이 여자를 만나고 사랑하고 남겨 두고
  떠나는 것입니다 · 244
- 독백이 아닌 진정한 대화 · 248
- 간절한 기다림의 시간 · 251
- 견진성사의 은총 · 254
- 축제의 기억 · 257
- 용서하겠다는 약속 · 260

1장

성당에 오는 사람들이 모두 완벽한 것은 아닙니다

꼬마 아가씨의 사탕에
담긴 사랑

　제가 근무하는 명동 서울대교구청 근처를 지나다 보면 경제적인 어려움으로 도움을 호소하는 분들을 종종 만나게 됩니다. 이에 어떤 사람들은 휴대폰만 보며 바쁜 발걸음을 옮기기도 하고, 또 어떤 사람들은 지갑 속에서 얼마를 내어 전해 주고 가기도 합니다.

　어느 날이었습니다. 성당 앞 큰 길가에서 길을 가던 예쁜 모녀를 만났습니다. 엄마의 손을 잡고 있던 꼬마 아가씨는 멈추어 서서 도움을 청하는 아저씨를 물끄러미 바라보았습니다. 엄마는 아이와 눈을 맞추기 위해 몸을 낮추고 아이의 눈을 바라보며 무언가 다정스레 말을 건넸습니다. 잠시 후, 꼬마 아가씨는 엄마가 손에 쥐여 준 지폐 한 장을 들고 아저씨에게 달려가 그 앞에 조심스레 내려놓았습니다. 사실 엄마에게 이끌려 자선을 실천하는 아이들을 종종 만나곤 하지만 이 꼬마 아가씨는 좀 달랐습니다. 엄마가 준 돈을 아저씨에게 건넨 후, 자신의 가방을 열고 무언가를 열심히 찾더니 고사리 같은 손에 사탕을 한 움큼 쥐고 아저씨에게 전해 주는 것이었습니다. 그러고는 꾸벅 인사를 하고 엄마에게 달려갔습니다.

저는 아직도 고개를 들고 꼬마의 뒷모습을 한참 동안 바라보던 아저씨의 모습이 기억납니다. 고마움의 표시로 아이를 향해 맑게 웃으며 고개 숙여 인사하던 아저씨. 아이가 전한 사탕은 물질적 도움 그 이상의 것이었습니다. 단순히 돈이 아니라 자신의 소중한 사탕을 나누어 줌으로써 아이는 사랑을 전해 주었습니다. 그 사랑의 마음은 아저씨에게 전해졌고 아저씨의 마음을 움직였습니다. 사탕은 도움을 청하는 자신의 초라함을 넘어서 자신이 얼마나 소중한 존재인지 깨닫게 해 주었다고 저는 믿습니다.

"하느님께서는 당신의 모습으로 사람을 창조하셨다."(창세 1,27)라는 성경 말씀에 비추어 교회는 인간이 '하느님의 모상'

대로 창조되었음을 고백합니다. '하느님의 모상'에 대한 가르침은 첫째, 보이는 모든 피조물 가운데서 오직 인간만이 창조주를 알고 사랑할 수 있다는 것이며 둘째, 그로써 인간은 하느님의 생명에 참여하도록 부름을 받았다는 사실입니다. 분명 세상 어떤 피조물도 인간과 같이 하느님을 알고 사랑할 수 없습니다.

이는 결코 다른 피조물에 대한 배타적인 우월성을 표현하는 것이 아닙니다. 사실 창조적 본성에 따라 세상 만물은 각기의 고유한 방식으로 하느님의 영광을 드러냅니다. 여름의 싱그러움을 노래하는 나무들과 형형색색으로 대자연을 꾸미는 꽃들은 각각의 본성에 따라 하느님께 찬미와 찬양을 드립니다. 하지만 인간은 본성에 의해서만이 아니라 하느님을 '닮은 모습'으로 그분을 사랑합니다. 오직 인간만이 하느님의 위대하심을 깨닫고 감사할 수 있으며 자신의 전존재를 통해 하느님을 사랑할 수 있습니다.

이렇게 하느님께서 인간이 당신을 알고 사랑할 수 있도록 만드신 이유는 당신의 영원한 생명을 우리가 나누어 받기 원하셨기 때문입니다. 바로 여기에서 그리스도교가 밝히는 인간 존엄성의 근본적인 이유가 드러납니다. 인간은 '무엇'이 아니라 '누구', 즉 어떤 '것'이 아니라 어떤 '인격'입니다. 오직 인간만이 자유로이 하느님께 자신을 나누어 주고 또 다른 인격들과 사랑의 친교를 이룰 수 있습니다.

  앞서 꼬마 아가씨가 보여 준 사랑은 바로 하느님 모상으로서 인간이 보여 준 사랑이라 생각합니다. 왜냐하면 아이는 단순한 물질적인 적선을 넘어서 한 인격체로서의 타인의 아픔을 함께했고 자신을 나누며 사랑을 표현했기 때문입니다. 우리는 지금 어떤 모습으로 사랑하고 있나요?

어느 비신자 청년의 기도

　우리는 신앙생활을 하면서, 특별히 피정에서 기도를 바치거나 교육 중에 기도를 배울 때, "정말 기도 어렵네. 내가 왜 이 어려운 기도를 해야 하지? 기도가 필요하긴 한가?"라는 질문과 마주하게 됩니다.

　제가 보좌 신부로 사목하던 본당에서 있었던 일입니다. 한 청년이 매일 퇴근 후 성모상 앞에서 촛불을 켜고 기도하는 모습을 보게 되었습니다. 저는 그 청년을 미사나 행사 때 본 적이 없었기 때문에 속으로 '이사 왔나? 아니면 잠시 친척 집에 왔나? 아무튼 참 열심한 청년이네.'라고 생각했습니다. 그리고 기회가 되면 꼭 만나 다른 청년들과 함께 신앙생활을 할 수 있도록 이끌어 주고 싶다는 마음을 품게 되었습니다.

그러던 어느 날, 우연한 기회로 청년과 인사를 나누게 되었고, 늘 그랬듯이 세례명을 묻고 본당에서 다른 청년들과 함께 기쁘게 신앙생활을 하자고 초대했습니다. 그런데 알고 봤더니 그 청년은 천주교 신자가 아니었습니다. 저는 깜짝 놀라 그 청년에게 물었습니다. "기도를 정말 열심히 하던데, 어떤 기도를 그렇게 매일 드린 건가요?" 그 청년이 말했습니다. "사실, 저는 기도할 줄 몰라요. 예전에 너무 힘든 일이 있어 답답해하던 중에, 여기 마리아상 앞에서 기도하는 분을 먼발치에서 뵌 적이 있어요. 그때 그 모습이 너무 평화로워 보여서, 저도 그냥 그분처럼 그곳에 서서 촛불을 켜고 간절한 제 마음, 힘든 일이 지나가도록 도와 달라고 무작정 이야기했어요. 그러자 놀랍게도 알 수 없는 평화를 느낄 수 있었어요. 기도했던 그 일이 잘 해결되진 않았지만, 그때의 그 평화로운 마음을 지울 수 없어서, 매일 이곳에 와서 하루를 정리하고 또 누군지 모르지만, 저를 감싸고 하루를 잘 마무리할 수 있도록 지켜 주신 분께 감사드리고 집으로 가요."

우리는 왜 기도할까요? 그것은 인간이 하느님을 향하도록 창조되었고 그러한 인간을 하느님께서는 당신께로 이끌고 계시기 때문입니다. 하느님께서는 당신을 닮은 모습으로 인간을 창조하셨습니다. 그래서 교회는 인간의 마음 안에는 창조주를 향한 갈망이 새겨져 있고 오직 그분 안에서 진리와 행복을 찾을 수 있다고 가르칩니다.

앞서 이야기한 청년처럼 말로 표현할 수 없는 평화로 감싸 주시는 그분은 누구실까요? 힘들고 지칠 때 '도와주세요!'라고 외치는 우리의 마음은 누구를 향한 것일까요? 하느님께서는 인간이 그분을 찾기 이전에 인간 안에 심어 놓으신 '당신을 향한 갈망'으로 인간을 끊임없이 찾고 부르시기에, 우리는 하느님을 향해 나아갈 수 있습니다. 하느님의 넘치는 사랑으로 창조된 인간은 언제나 하느님께로 향하고 또 이를 통해 본연의 나, 참된 나의 모습, 즉 창조 때의 그분 닮은 모습을 찾을 수 있는 것입니다. 우리가 하느님의 자녀라는 사실을 굳게 믿고 기도한다면, 우리의 생각을 뛰어넘는 하느님의 사랑과 우리를 올바른 길로 이끄시는 그분의 뜻을 더 깊이 깨닫게 될 것입니다. 우리는 언제 가장 간절한 마음으로 기도했나요? 기도 안에서 우리를 향한 그분의 마음을 느낀 적이 있나요?

강동원 닮은 신부님과
함께하고 싶어요

2015년 11월, 한국 천주교회의 모든 사제는 고통에 휩싸였습니다. 아무 잘못도 하지 않았는데 그냥 있는 그 자체로 '오징어'가 되어 버린 것입니다. 영화 〈검은 사제들〉이 개봉한 후 배우 강동원 때문에 많은 청년 신자들은 자기 본당 신부님의 외모를 안타까워(?)하며 강동원을 닮은 신부님이 부임해 주길 바라는 헛된 희망에 사로잡혔습니다. 저의 동기 신부가 사목하는 곳에서도 마찬가지였지요. 제 동기가 담당하던 청년 하나가 말했습니다. "아! 나도 강동원 닮은 신부님과 함께 신앙생활을 하고 싶은데……." 물론 농담으로 한 이야기였지만 끊임없이 그 이야기를 하자 제 동기는 놀라운 방법으로 청년을 맞받아쳤습니다. "아! 나도 김태희 닮은 신자와 사목 생활을 하고 싶은데……."

신앙생활에 있어 외모가 본질은 아니기에, 이 이야기가 우스갯소리라는 것도 잘 아리라 생각합니다. 다만 여기서 이야기하고 싶은 것은 영화에서 강동원과 김윤석이 사제 역할을 맡아 행했던 예식입니다. 무엇일까요? 바로 '구마驅魔'라는 예식입니다.

구마 예식은 교회의 '준성사'에 속합니다. 그렇다면 준성사는 정확히 무엇일까요? 준성사는 그리스도께서 제정하신 일곱 성사와는 달리 교회가 성사를 본보기로 삶의 여러 순간에 축복을 전하기 위하여 마련한 거룩한 표징들과 행위들을 말합니다. 준성사는 성사가 베푸는 것과 같은 성령의 은총을 주지는 못하지만, 교회의 기도를 통하여 은총을 받을 수 있도록 신자들을 준비시키고 은총에 협력하도록 이끌어 줍니다. 준성사의 다양한 형태를 구분하면 다음 세 가지로 구분할 수 있습니다.

첫 번째로 사람, 음식, 물건, 장소 등에 대한 축복입니다. 모든 축복은 하느님을 찬미하는 것이며 하느님의 선물을 청하는 기도입니다. 이사를 해서 새로 마련한 집, 새로 산 자동차 또는 멀리 여행을 떠나는 사람 등에 하느님의 이름으로 축복하는 것을 말하지요. 두 번째로 축복 가운데 지속적인 효력을 지니는 축복이 있습니다. 이 축복들은 사람들을 하느님께 봉헌(축성)하고, 물건과 장소를 전례적 용도로 사용할 수 있게 합니다. 예를 들어 수도원장이나 수녀원장의 축복, 수녀님과 수사님들이 하는 서원, 교회 직무를 위해 신학생들이 받는 독서직, 시종직 등을 위한 축복이 이에 해당합니다. 물건에 대한 축복 가운데 성당이나 제대, 성유와 제구 등의 축복이 여기에 포함됩니다.

마지막으로 구마가 있습니다. '구마'는 교회가 어떤 사람이나 물건이 마귀의 세력으로부터 보호받고 마귀의 지배력에서 벗어나도록 예수 그리스도의 이름으로 공적인 권위를 가지고 청하는 기도를 말합니다. 성경을 보면 예수님께서는 직접 마귀를 쫓아내셨고 이 권능을 사도들에게 맡겨 교회를 통해 지속되도록 하셨지요. 그래서 세례 때마다 세례를 받는 이들이 악의 세력에서 벗어날 수 있도록 작은 구마 예식을 거행합니다. 또한 주교의 허가를 받아서 사제만이 행할 수 있는 '장엄 구마'가 있습니다. 대중 매체에서 묘사되는 구마 예식은 대부분 진실과 동떨어져 있기에 악의 활동에 대한 올바른 식별이 필요합니다.

  준성사에서 중요한 점은 세례를 받은 우리가 하느님의 복을 받은 이들로서 우리 스스로 하느님의 '복'을 드러내야 하며 또한 다른 이를 축복해야 한다는 사실입니다. 그래서 교회 생활과 성사 생활에 더 밀접한 관계를 가진 축복은 서품 성직자인 주교와 사제, 부제만이 줄 수 있지만 평신도들도 집전할 수 있는 축복 예식도 있는 것이지요. 예를 들어 학교에 등교하는 자녀들을 위해 부모가 성호경을 긋고 축복을 주는 것, 누군가를 위해 하느님의 이름으로 축복이 가득하기를 기도하는 것 등이 여기에 해당합니다.

더 이상 머리카락이
빠지지 않게 해 주세요!

옛날 어느 수도원에 성직을 지망하며 성실하게 수도 생활을 하던 수사님이 있었습니다. 그런데 어느 날부터 머리카락이 몇 가닥씩 빠지기 시작하더니 결국 한 움큼씩 사라져 가는 것이었습니다. 수사님은 근심에 쌓였습니다. '이제 곧 서품을 받고 사람들 앞에서 미사를 봉헌해야 하는데……. 이러다가 대머리가 되면 어떻게 하지.' 이런 걱정과 함께 수사님은 그날부터 특별한 청원 기도를 시작했습니다. "주님, 머리카락이 너무 많이 빠집니다. 저 정말 당신 뜻에 따라 성실히 살아가겠으니 제발 머리카락을 그만 가져가세요. 제발!"

수사님은 비가 오나 눈이 오나, 감기 몸살에 걸려도, 심지

어느 시험 기간 중에도 성당에 앉아 한 시간씩 매일같이 기도했습니다. 어떻게 되었을까요? 안타깝게도 반전은 없었습니다. 그렇게 수사님은 머리카락 대부분을 잃었습니다. 이를 본 동료들이 "어떻게 하냐. 그렇게 열심히 기도했는데……. 하느님께서 네 청을 안 들어주셨네."라며 위로했습니다. 그런데 수사님은 담담하게 이렇게 대답하는 것이었습니다. "그래. 열심히 청을 드렸지만 하느님께서는 내 청은 안 들어주시고 머리카락은 빠져 버렸어. 그런데 매일같이 기도하면서 깨달은 게 하나 있어. 기도를 바치면서 점점 그 시간이 행복하게 느껴졌고 또 하느님께서 나를 얼마나 사랑하시는지 깨닫게 되었어. 나는 내가 가장 원하는 머리카락을 청했지만 하느님께서는 사제로 살아갈 내게 가장 필요한 기도의 맛, 기도 안에서 그분을 신뢰하고 그분께 의탁하며 사는 방법을 가르쳐 주셨어. 기도 안에서 보지 못한 것을 보게 해 주신 거지."

예수님께서는 당신이 겪어야 할 수난과 십자가 죽음 앞에 엄청난 두려움을 느끼고 겟쎄마니 동산에서 피눈물을 흘리며 그 잔을 거두어 달라고 하느님께 기도하셨습니다. 하지만 예수님께서는 단순히 지금의 어려움을 치워 달라고 하신 것이 아니었습니다. 그분께서는 "제가 원하는 것을 하지 마시고 아버지께서 원하시는 것을 하십시오."(마르 14,36)라고 기도하시며 아버지의 사랑과 보살핌에 전적으로 내맡기는 신뢰를 보여 주셨습니다. 그래서 십자가상 죽음의 마지막 순간에도 이렇게 기도하셨습니다. "아버지, 제 영을 아버지 손에 맡깁니다."(루카 23,46)

그렇습니다. 기도는 우리가 원하는 것보다 우리에게 필요한 것을 주시는 하느님 아버지를 만나는 순간입니다. 고통스러운 현실을 치워 없애 달라는 것이 아니라 그 현실을 마주하고 하느님께서 그 순간에도 함께 계심을 발견하여 그분과 더욱 깊이 일치하고 오로지 그분께 의탁하는 것이 기도입니다.

우리가 예수님에게서 기도를 배운다는 것은 그분의 무한한 신뢰에 참여하고, 그분의 기도에 동참하며, 그분에 의해 한 걸음씩 하느님께 인도되는 것입니다. 바로 예수님을 통해, 예수님과 함께 기도한다면 우리에게 좋은 것을 마련하여 주신 하느님 아버지께 온전한 신뢰를 드리며 기도할 수 있습니다. 그리고 그 신뢰는 모든 것을 가능케 하는 놀라운 은총이 될 것입니다.

성당에 오는 사람들이 모두 완벽한 것은 아닙니다

"야! 네가 그러고도 천주교 신자라고 할 수 있어!" 언젠가 성당 마당에서 큰소리로 언성을 높이며 싸우는 신자들을 본 적이 있습니다. 주위 사람들이 말리면서 싸움은 일단락되었지만 한동안 성당 마당은 어수선했습니다. 그 모습을 함께 보던 청년이 화를 내며 말했습니다. "어휴, 저게 뭐야. 창피하게. 성당을 다니면서 어떻게……." 저는 아무 말도 하지 않고 자판기에서 커피 두 잔을 뽑아 등나무에 앉아 있던 청년에게 건네며 조용히 옆에 앉았습니다. 그러자 청년은 자신이 신앙생활을 하면서 만났던 일명 '나쁜' 신자들 이야기를 쏟아 냈습니다.

그렇게 한참을 이야기를 들은 후 저는 그 청년에게 질문 하나를 던졌습니다. "성당에 온 사람들은 모두 천사일까?" 청년은 물끄러미 저를 쳐다보았습니다. "사실 성당에 온다는 건 자신이 뭔가 부족하기 때문에 오는 거 아닐까? 만약 완벽하다면 하느님을 찾을 리 없지. 사람들과의 관계든 일 때문이든 어려움을 겪는 사람들, 자신의 힘으로 아무리 애써 보아도 해결할 수 없어 답답한 사람들이 하느님을 찾아서 성당에 오고, 하느님의 부르심에 이끌려 모이는 곳이 교회인 것 같아. 다른 말로 하면 우리 모두 하느님이 필요한 죄인인데 '천주교 신자는 완벽해야 해!'라는 잣대로 서로를 볼 때가 많은 것 같아."

그러자 그 청년은 조심스레 "신부님, 그래도 세례받은 그리스도인이라면 그러면 안 되잖아요. 이해를 못 하는 건 아니지만, 신부님 말씀은 너무 자기 합리화 아닌가요?"라고 제게 물었습니다. 저는 청년에게 이렇게 말했습니다. "그렇지, 우리가 부족한 사람이라는 인식이 자기 합리화가 되어서는 안 되겠지. 나는 다만 우리 모두 매일의 삶 속에서 조금씩 예수님을 닮아 가도록 노력하는 사람, 매일매일 회개하는 사람들이 되어야 한다고 생각해. 부족함에도 하느님의 용서와 사랑을 체험하고 또 그렇게 이웃을 용서하고 사랑하려고 노력하는 사람들이 바로 우리 아닐까? 성경에서 예수님을 만났던 사람들, 예를 들어 세관장 자캐오의 경우, 자신이 옳지 못한 삶을 살고 있다는 사실을 예수님을 만나 깨닫고 또 용기 있게 새로운 삶을 살겠다고 주님께 약속했지. 이 모습을 교회는 '회개'라고 표현해. 그렇다면 자캐오는 완전한 사람이 되었을까? 그 회개에 따르는 삶을 살기 위해 많은 노력을 기울여야 했을 거야. 이전과는 전혀 다른 삶을 살기 위해서 말이지. 하지만 때로는 자신의 옛 악습으로 다시 죄를 짓는 경우도 있었을지 몰라. 그래도 예수님을 만났던 그때를 떠올리며 다시금 뉘우치고 예수님의 제자답게 살려고 했으리라고 생각해. 우리도 마찬가지 아닐까? 세례를 받고 모든 잘못을 용서받았지만, 우리는 완벽하지 않아. 부족하기에 늘 주님 앞에 자신의 부족함을 안고 주님을 만나러 성당에 오는 사람들, 세례 때, 혹은 살아가면서 체험한 그분의 놀라운 사랑을 기억하며 오늘 지금 새롭게 시작하는 사람들, 바로 이런 사람들이 예수님의 참다운 제자가 아닐까?"

예수님께서는 우리 가운데 가장 작은 이들, 다시 말해 버림받고 고통 중에 슬퍼하는 이들, 박해와 폭력의 희생자들과 같이 하느님의 사랑이 필요한 죄인들을 부르셨습니다. 우리 교회는 하느님의 사랑이 필요하고 또 하느님의 사랑으로 변화되는 사람들이 모인 곳이지, 완벽한 사람들, 하느님의 사랑이 필요 없는 사람들이 모인 곳이 아닙니다. 하느님의 사랑으로 변하고자 노력하는 이들이 모인 곳, 바로 그곳에서 하느님 나라는 시작됩니다.

그를 움직이는 힘

예비 신자 교리반을 맡아 교리를 가르친 적이 있습니다. 기대와 두려움, 설렘과 망설임이 교차하는 얼굴로 서로 어색한 눈빛만 주고받던 첫 시간이 기억납니다. 그때 유독 제 시선을 끄는 형제님이 있었습니다. 한쪽 어깨를 짓누르는 무거운 가방을 매고 가장 앞자리에 앉아 제가 하는 말을 하나라도 놓치지 않으려고 끊임없이 노트를 채워 가던 형제님. 두꺼운 안경 너머 이글거리는 눈빛은 마치 시험을 앞둔 고시생과도 같았습니다. 그 이후 형제님은 수업이 끝나면 일주일 동안 혼자 공부하며 궁금했던 내용을 하나씩 물어보기 시작했습니다. 가끔 너무 피곤해서 '어서 빨리 집으로 가서 사랑하는 내 침대 속에 파묻혀야지.'라고 생각하며 발걸음을 재촉할 때면 여느 때처럼 "신부님, 저기……."라며 미안함 가득 담긴 미소로 저를 붙잡아 밀린 숙제를 하듯 질문을 퍼부었습니다. '도대체 뭐가 이리도 궁금하지? 시간이 지나면 자연스럽게 알게 될 텐데. 그렇게 궁금하면 다른 책이라도 보면서 공부를 하던가.' 지친 육신은 제 마음을 온갖 불평으로 흔들어 놓았고, 나아가 '짜증'이라는 못된 마음으로 그분을 대하게 했습니다.

그러던 중 그분과의 면담 날짜가 다가왔습니다. 저는 기계적으로 필요한 질문만 하고 빨리 끝내야겠다고 생각하며 면담지에 시선을 고정하고 면담을 시작했습니다. 하지만 형제님은 그런 저를 가만 두지 않고 묻지도 않은 성당에 온 동기, 성당에 오기 전 개신교도 다녀 보고 또 다른 종교 생활도 해 봤는데 이제야 하느님을 알게 되어 너무나 행복하다는, 조금은 틀에 박힌 이야기를 쏟아 냈습니다. '아, 어쩔 수 없구나.' 완전한 좌절 상태에 이른 저는 애써 그분 말에 귀를 기울이며 제가 할 수 있는 최선을 다해 공감하며 반응했습니다. 그렇게 면담이 끝나고 집으로 돌아오는데 마음 한구석에서 뜻하지 않은 궁금증이 저를 사로잡았습니다. '도대체 이 사람을 움직이는 힘은 무엇일까?' 이 질문과 함께 제가 제 입으로 첫 시간에 전해 주었던 하느님에 관한 이야기, 인간이 그분의 모습으로 창조되어 그분을 향한 갈망이 우리 안에 새겨져 있다는 이야기가 떠올랐습니다. 그 형제님이 매일 무거운 가방을 들고 교리반을 찾아오고 또 궁금한 것을 물을 수 있었던 힘은 바로 하느님을 향한 인간의 갈망 때문이라는 사실을 잊고 있었던 것입니다.

우리가 하느님을 찾는 이유는 무엇일까요? 하느님께서 우리 마음에 당신을 찾고 발견하고자 하는 갈망을 심어 놓으셨기 때문입니다. 그러한 갈망을 삶으로 몸소 보여 준 성인이 있습니다. 바로 아우구스티노 성인이지요. 흔히 마니교에 빠져 이교인과 동거하다가 아들까지 낳은 성인을 이야기할 때 '방탕'이라는 단어를 주로 사용합니다. 하지만 성인의 방탕한 생활은 오히려 진리를 향한 '보통 사람'이 겪는 질풍노도와 희노애락이라는 평가를 받기도 합니다. 성인이 비록 이교도에 빠진 때도 있었지만, 끊임없이 진리를 향해 걸어갔던 모습은 '하느님을 향한 갈망'에 충실히 응답하며 살아간 모습이었습니다. 그렇게 진리를 찾는 여정 가운데, 성인은 마침내 하느님 안에서 참된 진리를 발견했고 다음과 같이 고백할 수 있었던 것입니다. "주님, 주님을 위하여 저희를 내셨기에, 주님 안에 쉬기까지는 저희 마음이 찹찹하지 않삽나이다."

하느님을 닮은 모습으로 창조된 인간은 누구나 진리와 행복을 얻기 위해 노력하며 살아갑니다. 또한 우리를 창조하신 그분을 발견할 때 비로소 우리 본연의 모습, 즉 진정한 자기 자신을 찾을 수 있습니다.

그때 그 형제님은 지금 어디서 무엇을 하고 있을까요? 우리는 '하느님을 향한 갈망'을 품고 어떤 모습으로 살아가고 있나요?

기적을 보고 싶다면
스스로 기적을 만들어 봐

제가 감명 깊게 본 영화 가운데 〈브루스 올마이티Bruce Almighty〉라는 코미디 영화가 있습니다. 되는 일 하나 없이 하나부터 열까지 불만이었던 주인공 브루스는 이 모든 불만을 하느님에게 쏟으며 한탄합니다. 그러자 하느님이 그에게 나타나 자신의 전지전능한 능력을 주고 휴가를 떠나지요. 원하는 것은 무엇이든 할 수 있게 된 브루스는 신이 나서 능력을 맘대로 사용합니다. 말 그대로 기적을 일으키는 사나이가 된 것이지요. 하지만 능력을 멋대로 사용하다가 세상이 온통 무질서에 빠져 버리게 됩니다. 게다가 사랑하던 여자 친구가 자신에게서 돌아서자 하느님의 능력으로 여자 친구의 마음을 돌리려고 했지만 할 수가 없다는 사실에 좌절하게 됩니다. 이렇게 진퇴양난에 빠진 브루스에게 하느님이 다시 나타납니다. 그때 브루스가 "제가 어떻게 해야 할까요?"라고 묻자 하느님은 이렇게 말합니다. "두 가지 일로 허덕이는 미혼모가 아이를 축구 수업에 보내려고 없는 시간을 짜내는 것이 기적이야. 10대가 마약 대신 학업에 열중하면 그게 기적이야. 사람들은 기적의 능력을 갖추고도 그걸 잊고 나한테 소원을 빌지. 기적을 보고 싶나? 자네 스스로 기적을 만들어 봐!"

예수님께서 기적을 행하신 이유는 무엇일까요? 예수님의 기적은 분명 인간 이성으로 이해할 수 없는 놀랍고 기묘한 일들이었습니다. 수많은 병자를 치유하시고 5천 명이 넘는 사람을 먹이신 기적들은 성경 저자들이 만들어 낸 이야기가 아니라 실제로 그들이 목격한 놀라운 일들이었습니다.

그러나 여기서 기적이 실제로 일어났는지 안 일어났는지를 따지며 과학적으로만 접근하려고 해서는 안 됩니다. 중요한 것은 기적이 전하는 의미입니다. 즉 예수님을 통해 하느님께서 당신 사랑과 정의로 우리와 함께하시고 또 우리를 지키고 보호하신다는 사실, 바로 하느님 나라가 예수님을 통해 실현되고 있다는 사실을 깨달아야 합니다. 이 사실을 깨닫고 믿는 이라야 하느님께서 베푸시는 놀라운 은총을 충만히 살아갈 수 있습니다. 하느님의 아드님으로서 우리에게 드러나신 예수님을 믿는다면, 우리가 예수님의 손과 발이 되어 하느님의 사랑을 전하고 지금 여기에서 하느님 나라를 드러내는 예수님의 기적을 계속할 수 있습니다.

앞서 영화 속 브루스에게 하느님이 한 말처럼, 기적을 보고 싶다면, 우리가 기적이 되어야 합니다. 바쁘다는 핑계로 전화 한 통 드리지 못한 부모님에게 사랑한다고 말할 때, 고통 속에 신음하는 이를 그냥 지나치지 않고 도와줄 때, 서먹서먹한 사이에 용기 내어 웃으며 다가설 때, 병중에 누워 괴로워하는 이들을 찾아가 "힘내세요. 제가 기도해 드릴게요."라고 말하며 손을 잡아 줄 때, 기적이 될 수 있습니다.

우리가 기도를 통해 수많은 청을 드릴 때, 아마도 예수님께서는 영화에서처럼 말씀하지 않으실까요? "기적이 일어나길 바라니? 그래, 내가 너에게 보여 준 것처럼 네가 이제는 나의 기적이 되어 다오!"

프로그램이 먼저인가,
미사가 먼저인가

어느 성당에서 청년 여름 캠프를 갔습니다. 이 캠프를 위해 단체별로 봉사자를 모집하여, 한 달이 넘는 시간 동안 열심히 준비했지요. 다행히 화창한 날씨 속에서 캠프를 시작하게 되었습니다. 조별 모임과 함께 조장을 뽑고 조 이름과 조 구호까지 만들어 발표하면서 캠프의 열기가 달아올랐습니다. 뜨거운 태양을 조롱하듯 계곡에서 재미난 게임과 함께 신나는 물놀이로 오후를 보냈지요. 그런데 모든 일이 순조롭게 이루어지는 가운데 캠프 진행을 하는 청년들과 신부님 사이에 작은 마찰이 생겼습니다. 몇몇 청년들이 다음 프로그램을 준비한다는 이유로 미사에 참례하지 않았기 때문이었습니다. 미사가 끝난 후 청년들은 신부님에게 꾸중을 들었습니다. 놀다가 빠진 것도 아닌데, 다른 청년들에게 봉사하기 위해 프로그램 준비하려고 참례하지 못한 것뿐인데, 신부님이 너무하다는 생각이 들어 많이 서운했다고 합니다.

  이런 갈등은 신앙생활 가운데 종종 일어납니다. 여러분은 미사와 프로그램을 준비하는 것 중 어떤 것이 더 중요하다고 여기나요? 물론 대부분 미사가 더 중요하다고 생각할 것입니다. 하지만 가끔 너무 정신없다 보면, 또 긴박하게 일을 처리해야 하다 보면 알게 모르게 미사와 다른 성당 활동을 저울질할 때가 있습니다. 그러나 어떤 경우에도 미사, 더 폭넓게 표현하면 전례의 중요성은 덜해지지 않습니다.

  제2차 바티칸 공의회 전례 헌장 10항을 통해 전례의 중요성을 확인할 수 있습니다. "전례는 교회의 활동이 지향하는 정점이며, 동시에 거기에서 교회의 모든 힘이 흘러나오는 원천이다." 다시 말해 교회는 하느님께 찬미와 감사를 드리기 위해 존재하며 동시에 복음 선포, 교리 교육, 사랑의 실천과 같은 교회의 모든 활동은 바로 전례 안에서 그 활동에 필요한 힘을 얻는다는 뜻입니다. 물론 전례만 중요하고 다른 활동들이 중요하지 않다는 이분법적 방식으로 이해해서는 안 됩니다. 교회의 모든 활동이 바로 전례와 연결되어 있으며 특별히 성체성사 안에 현존하시는 예수 그리스도와의 일치, 즉 미사 전례 안에서 모든 활동은 힘을 얻는다는 의미입니다.

신앙생활에 가장 중요한 예수 그리스도와의 만남이 이루어지는 곳, 그분께서 우리와 함께 계시는 하느님이심을 깨닫고 체험하는 곳이 바로 미사입니다. 우리가 미사를 다른 어떤 것보다 중요하게 여긴다는 것은 예수님을 내 삶의 중심에 모시고 살겠다는 의지의 표현입니다. 왜냐하면 미사 안에서 예수님께서 다가오시는 것을 받아들일 때, 예수님께서는 우리를 가르치고 먹이시며 우리를 변화시키고 치유하실 뿐만 아니라, 미사를 통해 우리와 하나가 되실 것입니다. 로마 제국의 박해 시대에 살던 순교자 사투르니노는 자신의 삶에서 미사가 얼마나 소중한지를 이렇게 표현했습니다. "우리는 주일 미사 없이 살 수 없습니다. 당신은 그리스도께서 미사를 위해 존재하시고, 미사는 그리스도인들을 위해 존재한다는 사실을 모르고 있습니다."

간혹 미사에는 참례하지 않으면서 미사 후 모임이나 뒤풀이에만 참석하는 신자들을 볼 때면 마음이 아픕니다. 우리의 신앙생활은 단순히 친한 사람들끼리 모이는 동아리나 친교 모임에서 힘을 얻는 것이 아니라 바로 우리의 구세주이신 예수 그리스도에게서 힘을 얻기 때문입니다. 우리의 삶에서 미사는 얼마나 중요한가요? 그 어떤 것보다 미사를 소중하게 여기고 있나요?

주님께서는 여러분이 세례를 받던 그날,

여러분의 마음에 들어오셨고, 견진을 받던 그날,

여러분에게 성령을 내려 주셨습니다.

또한 성체 안에 현존해 계시면서 끊임없이

여러분에게 힘을 주시어 여러분이 세상 앞에 주님을

증언할 수 있게 해 주십니다.

— 프란치스코 교황

아버지의 1단 묵주

　우리 신자들은 묵주를 참 많이 가지고 있습니다. 5단 묵주에서부터 묵주 반지, 묵주 팔찌 등 그 형태만 따져도 정말 다양하지요. 저에게도 묵주가 많이 있습니다. 때로는 너무 많다 싶어 묵주 기도를 바친 후 기도가 필요한 신자에게 선물로 드립니다. 그런데 그중 제가 가장 아끼는 묵주가 하나 있습니다. 다른 사람들 눈에는 특별해 보이지 않는 일반적인 1단 묵주이지요. 하지만 제게는 큰 의미가 있습니다. 바로 세상을 떠나신 아버지의 유품이기 때문입니다.

　어려서부터 저는 늘 기도하는 아버지를 보고 자랐습니다. 매일 밤늦게까지 꾸벅꾸벅 졸며 묵주 기도를 바치시던 아버지. 제 1단 묵주는 아버지가 늘 가지고 다니며 기도하셨던 묵주입니다. 이제는 예전의 모습으로 살아 계시지는 않지만, 이 묵주는 아버지를 떠올리게 하며 아버지가 제게 보여 주셨던 사랑을 기억할 수 있도록 만들어 줍니다.

우리는 사랑, 평화, 화해와 같이 눈에 보이지 않는 무엇인가를 표현하기 위하여 언어, 몸짓, 동작 그리고 다양한 물건을 사용합니다. 그리고 그것을 통해 우리의 생각과 마음을 타인에게 전합니다. 예를 들면, 악수는 화해를, 결혼반지는 혼인 때의 약속을 평생토록 지키겠다는 믿음을, 하얀 비둘기는 평화를 상징하지요.

하느님과 우리가 맺는 관계도 마찬가지입니다. 하느님께서는 당신의 생명에 참여시키시고자 우리를 만나러 오십니다. 그런데 눈에 보이지 않는 그분께서는 우리가 보고 느끼고 만질 수 있는 감각적인 표징을 통하여 우리를 만나러 오십니다. 이것을 '성사聖事'라고 합니다. 그래서 성사는 하느님의 영적인 은총을 우리에게 드러내 보이고자 물과 기름, 빵과 포도주와 같은 물질적 표징과 행위를 활용하는 것이지요. 세상 사람들 눈에는 단지 '맛없는' 빵 조각에 불과하겠지만 세례를 통하여 신앙을 선물로 받은 우리에게 그 빵은 단순한 빵이 아니라 우리를 위해 당신의 모든 것을 내어 주신 예수님께서 보여 주신 사랑의 절정입니다.

  매 미사 때 받아 모시는 성체가 나에게 진정한 의미가 되기 위해서는 성체 너머에 담긴 예수님의 사랑을 깊이 묵상해야 합니다. 아무 생각 없이 기계적으로 성체를 받아 모시다 보면, 물론 성체를 통해 베푸시는 은총은 우리에게는 분명히 전해지겠지만, 그 은총이 열매를 맺을 수 없을 것입니다. 아버지가 제게 남기신 1단 묵주를 바라보며 아버지의 사랑을 다시금 떠올리고 매일의 삶을 충실히 살고자 결심하는 것처럼, 성체를 받아 모시며 성체 안에 신비로운 방식으로 숨어 계시는 예수님을 기억하고 그분의 사랑에 감사하고 그 사랑을 살아가고자 주님과 약속한다면, 그리스도인으로서 살아갈 참된 힘을 얻게 될 것입니다. 우리는 성사를 통해 하느님의 놀라운 사랑을 어떻게 느끼고 있나요? 그 사랑을 더욱 깊이 체험하고자 어떤 준비를 하고 성사에 참여하고 있나요?

하느님,
어떻게 이러실 수 있죠?

한 청년이 있었습니다. 청년에게 아버지는 참으로 큰 신앙인이었다고 합니다. 비가 오나 눈이 오나 매일 새벽 미사를 가시던 분, 집에서도 홀로 기도방을 만들어 늘 성모님의 전구를 청하시던 분, 고통받고 소외된 이웃에게 묵묵히 자신의 것을 내어 놓으셨던 분. 그 청년이 기억하는 아버지는 어떻게 신앙인으로 살아가야 하는지를 온몸으로 가르쳐 주신 분이었다고 합니다.

그러던 아버지가 갑자기 쓰러지고 사흘 만에 세상을 떠나는 일이 생겼습니다. 청년은 이해할 수 없었습니다. '어떻게 이럴 수 있지? 어떻게 당신께 충실했던 아버지를 이렇게 허무하게 죽도록 내버려 둘 수 있지? 사랑한다면서 이처럼 어처구니없는 일이 일어나도 가만히 계실 수 있지?' 분노에 가득 찬 청년은 집에 돌아와 성모상과 십자고상을 모조리 깨부수었습니다. "당신은 우리를 사랑하신다고 했으면서 어떻게……! 이런 게, 이런 게 당신이 말하는 사랑인가요? 어떻게 이러실 수 있습니까!"

이 이야기는 부끄럽지만 제 이야기입니다. 그때 저는 하느님을 정말로 원망했고 심지어 저주까지 했습니다. 그리고 아버지는 도대체 왜, 무엇 때문에 그토록 하느님께 충실했는지, 어떻게 마지막 순간까지 하느님 자비에 자신을 맡긴다고 고백하며 그 고통스러운 죽음을 맞이하셨는지 도저히 이해할 수 없었습니다. 그래서 아버지의 마음이 알고 싶어졌습니다. "도대체 아버지가 만난 하느님은 누구실까?" 그리고 하느님을 만나면 따져 묻고 싶었습니다. 저는 이 질문에 답을 찾기 위해 노력하는 가운데 신학교에 지원했고, 입학 후 최선을 다해 공부하고 기도하며 살아갔습니다. 하지만 끊임없이 기도하는 제게 하느님께서는 언제나 침묵하셨습니다.

한참을 지나 부제가 되어 신학교에서 성시간을 봉헌하던 때 일이었습니다. 예수님께서 라자로의 죽음 앞에서 눈물을 흘리셨다는 요한 복음의 말씀을 듣고 말로 표현할 수 없는 무언가가 제 마음속에서 뜨겁게 타올랐습니다. 끊임없이 흐르는 눈물을 훔치며 제 아버지의 죽음 앞에 누구보다 마음 아프셨을 분이 바로 예수님이셨음을 그제야 온 마음으로 깨닫게 되었습니다. 돌이켜 보면 당신의 사랑이 무엇이냐는 제 기도에 하느님께서는 다양한 방식으로 말씀해 주셨습니다. 하지만 듣지 못했고 보지도 못했습니다. 그저 제가 생각하는 방식으로 하느님의 사랑을 이해하고 받아들였던 것입니다. 그러면서 당신 사랑의 증거를 보여 달라고 보채기만 했던 것이지요. 아버지는 그렇게 당신과 언제나 함께하고 계신 하느님을 만나셨고 죽음의 순간에도 함께하신다는 것을 온전히 느끼셨던 것입니다.

복음에서 예수님께서는 당신에게 치유를 간청했던 많은 이의 기도를 들어주셨고 지금도 우리의 청을 들어주고 계십니다. 기도를 들어주시리라는 확신은 하느님께서 우리에게 베푸신 은총으로 가능합니다. 하지만 이 은총이 우리 안에 열매를 맺기 위해서는 분명히 기도가 이루어지리라 굳건히 믿고 인내하며 기다리는 마음가짐이 필요합니다. 사실 많은 경우 예수님께 표징을 보여 달라는 율법 학자와 바리사이처럼(마태 12,38-42 참조) 우리는 기도에 대한 응답의 증거를 보여 달라고 주님께 다그칩니다. 그런 우리에게 예수님께서 이렇게 말씀하지 않으실까요? "내가 네 곁에 있음을 십자가와 부활로 보여 주었는데, 내가 너와 함께하겠다고 약속했는데, 왜 자꾸 다른 표징만 보여 달라고 그러니?"

기도를 들어주리라는 확신은 예수님의 사랑에서 시작됩니다. 하지만 그분의 사랑과 우리에게 하신 약속을 우리가 얼마나 믿고 충실히 따르느냐, 이것이 기도의 열매를 맺도록 이끌어 줄 것입니다. 우리는 하느님께서 분명 우리의 기도를 듣고 계시다는 사실을 믿고 있나요? 진심으로 믿고 기다리면서 성실하게 기도를 바치고 있나요?

결과야 그렇지만
기도는 멈추면 안 되지요

어머니를 모시고 병원에 갔습니다. 어머니는 수년째 혈액암으로 투병 중이신데, 그날은 재검을 통해 암 수치 정도를 확인하러 가는 길이었습니다. 병원으로 향하는 차 안에서 어머니는 연신 밝은 웃음과 행복한 미소를 보이셨습니다. "뭐가 그렇게 즐거우세요?"라고 물으니 어머니는 말 그대로 그동안 '하루도 쉬지 않고 기도했기 때문에 분명 좋은 결과가 있을 것'이라고 대답하셨습니다. 하지만 안타깝게도 그 예상은 빗나가 버렸습니다. 암 수치가 너무 올라가 다시 10개월이나 되는 항암 치료를 시작해야 했습니다. 돌아오는 차에서 어머니는 흐르는 눈물을 아들에게 보이지 않으려고 창밖만 바라보셨습니다. 그리고 어린아이의 옹알거림처럼 "그렇게 기도 열심히 했는데, 열심히 했는데……. 하느님 참 너무하시네."라고만 되풀이하셨습니다.

다음 날 아침이 되었습니다. 문틈으로 들려오는 잔잔한 목소리에 잠을 깼습니다. 가볍지만 깨끗한 옷을 입고 거실에 앉아 기도하시는 어머니를 보았습니다. 문틈에서 전해지는 기도의 향기를 느끼며 몸을 일으켜 어머니와 함께 기도했습니다. 얼마 후 기도가 끝났고 저는 어머니께 물었습니다. "어머니, 괜찮으세요?" 그러자 어머니는 제 눈을 바라보시며 말씀하셨습니다. "내가 매달릴 곳은 하느님밖에 없는데……. 결과야 그렇지만 기도는 멈추면 안 되지요." 얼마나 마음이 아프셨을까요! 그런데도 묵주를 다시 잡은 어머니의 마음이 얼마나 아름다웠던지요!

전통적으로 기도를 "목숨이 달려 있는 투쟁"이라고 묘사합니다. 기도 안에서 우리는 하느님에 대한 사랑의 성장을 이루게 되지만, 이를 방해하는 수많은 유혹이 도사리고 있음을 알아야 합니다. 이 유혹 가운데 큰 유혹이 두 가지 있습니다. 첫째는 '하느님께 대한 무관심'입니다. 세상 것과 하느님을 저울질하는 사람은 세상일이 우선이고 결국 기도 자체가 무의미하다고 여깁니다. 이는 그리스도인들 가운데도 널리 퍼진 '태만'입니다. 태만은 수많은 핑계를 만들어 냅니다. 바쁘다는 이유로, 마음의 평화가 없다는 이유로 기도를 하지 않습니다. 오히려 그럴수록 기도해야 하는데 말이지요. 이는 내 삶의 주인이 하느님이심을 진심으로 믿지 않기 때문입니다.

둘째는 기도의 결과가 바로 이루어질 것이라는 인간적인 기대에 의존하는 모습입니다. 이러한 유혹은 열심히 기도하는 이들에게 자주 찾아옵니다. 우리를 하느님과 갈라놓으려는 유혹자는 하느님께서 우리 이야기를 듣지 않고 우리를 버리신 것처럼 느끼도록 유혹합니다. 분명 우리는 하느님께서 우리의 청을 내버려 두지 않으심을 믿습니다. 하지만 우리의 청보다 우리에게 필요한 것을 주시는 아버지께서는 당신께서 원하시는 때와 방법으로 기도를 이루어 주신다는 사실을 기억해야 합니다. 이 믿음과 사랑, 희망 안에서 기도라는 무기를 닦지 않는다면 수많은 유혹 앞에서 승리할 수 없습니다.

신앙생활 가운데 언제 가장 기도하기 힘드나요? 기도하면서 의심하거나 불신했던 모습을 이겨 내기 위해 어떤 노력을 기울이고 있나요?

학교는 빠져도
성당은 빠지면 안 돼!

저는 독실한 가톨릭 집안에서 태어났습니다. 그래서 어려서부터 "학교는 빠져도 성당은 빠지면 안 된다."라는 부모님 말씀 때문에 주일에 한 번도 성당에 빠진 적이 없었습니다. 자연스레 복사단에도 들어갔고 여름 신앙학교나 성탄제 활동은 반드시 참여해야 하는 중요한 행사였지요.

그러던 제가 냉담에 빠진 적이 있습니다. 초등학교 졸업 후, 중고등부 주일학교에 들어갔는데 온통 모르는 형과 누나들, 새로운 선생님들에게 적응하지 못했던 것입니다. 6학년 때까지만 해도 어느 정도 인지도(?)가 있었는데, 아무도 알아주지 않는 꼬꼬마 중학생이 되니 소외감을 느끼면서 성당 자체에 대한 거부감이 생겼던 것 같습니다. 그러면서 성당에 가기가 너무 싫었지요. 저는 나름 머리를 굴렸습니다. 먼저 집 앞 정류장에 오는 버스 가운데 가장 멀리 가는 것을 골랐습니다. 그 버스를 타고 종점까지 갔다 오면 미사와 교리를 마치고 돌아올 시간과 어느 정도 맞았습니다. 그렇게 매 주일 버스에 몸을 싣고 창밖을 보다가 침 흘리며 졸다가 집에 돌아왔습니다. 어머니가 주신 헌금은 모두 버스비에 써 버렸습니다.

그러던 어느 날, 이상한 낌새를 알아차린 어머니는 성당에서 신부님이 무슨 강론을 하셨는지, 중고등부용 주보를 가져와 보라며 저를 추궁하셨지요. 1년 정도의 외도는 그렇게 무산되었고 중2 때 여름 캠프를 계기로 다시 성당에 열심히 다니기 시작했습니다. 나중에서야 저는 주일이 제가 생각한 것보다 훨씬 더 크고 풍부한 은총을 전해 받는 날이었음을 알게 되었습니다.

주일主日이란 바로 "주님의 날", 혹은 "주님의 작은 부활 축제"를 의미합니다. 이 부분에 대해 요한 바오로 2세 성인 교황님께서는 주일을 하느님의 놀라운 창조 업적을 경축하며 거룩하게 지내야 하는 날, 부활하신 예수 그리스도를 기억하고 기념하는 날로서 모든 그리스도인이 함께 모여 주님의 현존을 체험하고 성찬례를 거행하는 "교회의 날"이라고 말씀하십니다. 그리고 이 모든 의미와 함께 주일은 기쁨과 휴식, 연대의 날이라는 표현을 쓰면서 형제적 사랑을 증거해야 하는 날이라고 덧붙이십니다.

이렇게 주일은 단순히 미사에 참례하느냐 마느냐의 의무적 관점에서 이해해서는 안 됩니다. 우리가 예수 그리스도를 새롭게 만나 신앙을 고백함으로써 우리의 신앙을 성숙시키는 아주 중요한 때가 바로 주일입니다. 그래서 주일은 그리스도인의 삶에 중심이 되어야 합니다. 물론 오늘날 어려운 현실 속에 살아가는 이들에게, 이 말은 무의미한 외침일지도 모릅니다. 하지만 주일이 우리에게 중요한 의미가 되지 못한다면, 우리는 세속적 흐름에 끌려다니며 무엇을 위해, 왜 살아가는지에 대한 의미를 상실한 채 살아가게 될 것입니다. 우리에게 진정 주일은 무엇인가요? 단순히 의무로 미사에 참석해야 하는 날인가요? 아니면 하느님을 더욱 깊이 깨닫고자 성경과 교리를 공부하고 묵상하며 기도하는, 그래서 하느님 안에서 사랑을 배우고 실천하는 날인가요?

어머니 지갑에서 슬쩍한 5천 원

제게는 슬픈 과거가 있습니다. 어릴 적, 작은 욕망을 채우기 위해 어머니 지갑에 손을 댄 적이 있었지요. 당시 어머니는 용돈을 너무 적게 주셔서 저는 아이스크림 한두 개만 사 먹어도 지갑에 먼지가 풀풀 날리는 가난한 삶을 살 수밖에 없었습니다. 어느 날, 오락실에 새로운 기계가 들어왔는데, 그 앞에 앉아 50원짜리 동전을 산더미처럼 쌓고 즐기는 한 친구를 보고 저도 모르게 질투가 났고 돌이킬 수 없는 잘못을 저질렀습니다. 어머니 지갑에서 5천 원을 슬쩍한 것이지요.

문제는 죄를 지었다는 사실보다 그 이후였습니다. 신나게 오락을 마치고 집으로 가는 길이 왜 그리도 멀게만 느껴지던지요! 집으로 돌아온 저는 제 방으로 부리나케 몸을 숨겼습니다. 조금 후, 어머니가 저를 부르시자 심장이 요동치기 시작했습니다. "가서 두부 좀 사 와라." 아직 들키지 않았다는 것을 알고 안도의 한숨을 내쉬었지만, 문제는 어머니 눈을 제대로 바라볼 수 없게 되었다는 것이었습니다. 밥을 먹을 때도, 학교에 갈 때도 바닥만 응시하는 제 모습에 '아, 평생 이렇게는 못 살겠다. 어머니께 사실대로 말씀드리자.'라고 생각하고 닭똥 같은 눈물을 흘리며 어머니에게 이실직고했습니다. 그러자 어머니는 "그랬구나. 사실 엄마는 알고 있었어. 다만 네가 먼저 와서 말해 주길 기다리고 있었지."라고 하셨습니다. 그제야 저는 어머니 눈을 바라볼 수 있어 너무 행복했습니다. 사랑하는 어머니를 잃지 않아도 되겠구나, 어머니가 나를 용서해 주셨구나. 그러나 기쁨은 잠시였습니다. 어머니는 조용히 말씀을 이어 가셨습니다. "그나저나 그렇게 돈을 다 써 버렸으니, 다음 용돈은 없다. 알았지? 그리고 별로 아무 대가 없이 심부름하는 거야."

고해성사를 위해 무엇을 준비해야 할까요? 그리고 고해성사는 어떤 단계로 이루어질까요? 교회는 오래전부터 고해성사는 성찰, 통회, 결심(정개), 고백, 보속이라는 다섯 단계로 이어진다고 가르칩니다. 첫 단계는 성찰입니다. 자신이 무슨 잘못을 했는지 살펴보는 단계이지요. 앞서 제가 어머니 지갑에서 돈을 훔쳤다는 사실을 잘 살펴보고 그 죄가 얼마나 큰지 깨닫는 것입니다. 여기서 단순히 남에게 해를 입혔거나 잘못을 저질렀던 것만 살펴보는 것은 소극적인 자세입니다. 제가 돈을 훔쳐서 그 사실을 알게 될 어머니가 마음 아파하실 것까지 이르는 것, 이와 같이 나의 잘못으로 하느님 아버지의 마음을 아프게 해 드린 사실을 깨달아야 합니다.

죄를 성찰하면 그 죄를 아파하고(통회) 다시는 그러지 않겠다고 결심하는 것이 뒤따라야 합니다. 그다음 직접 마음을 아프게 했던 주님께 가서 고백해야 합니다. 사실 제가 어머니께 죄를 고백한 것은 어머니를 사랑하는 마음이 자리 잡고 있었고 또 어머니가 저를 용서해 주실 것이라는 믿음이 있었기 때문이었습니다. 하느님과의 관계도 마찬가지 아닐까요? 나를 사랑해 주시는 하느님 아버지의 마음을 아프게 했고 그런데도 나를 다시 꼭 안아 주실 하느님을 믿는다면, 고백을 부끄러워하거나 거추장스럽게 생각할 것이 아니라 진심을 전하는 진솔한 자세가 필요하겠지요.

그런데 고해성사는 여기서 끝나지 않습니다. 하느님께서

는 우리 잘못에 대한 갚음을 요구하시는데 이는 마치 저의 잘못에 대해 어머니가 하신 조치와 같다고 생각됩니다. 우리의 잘못으로 누군가 피해를 보고 아파했다면 그것에 대한 응당한 값을 치르는 것이 보속입니다. 그러므로 보속을 충실히 이행할 때야 비로소 하느님과의 약속을 지키는 것임을 잊지 말아야 합니다. 고해성사의 가장 중요한 자세는 나를 사랑하시고 용서하시는 하느님을 믿고 진실한 마음으로 고백하는 것임을 꼭 기억해 주세요.

강요로 신부가 되는 건 싫어요

독실한 가톨릭 집안에서 태어나 자라다 보니 자연스레 사제가 되겠다는 꿈을 키우게 되었습니다. 아니, '강요(?)받은 적이 많았다'는 표현이 더 적합할 것 같습니다. 어릴 때 일입니다. 일가친척들이 다 모인 날이었지요. 맛있는 갈비찜의 향기가 온 집안을 가득 채웠을 때, 어린 저의 코는 아직 성숙하지 않은 이성을 마비시켰습니다. 저는 오로지 고기를 먹겠다는 신념으로 밥상에 찰싹 붙어 앉았습니다. 하지만 그 고기를 먹기까지 수많은 어려움에 봉착해야 했습니다. 가녀린 손에 붙은 젓가락으로 고기를 집으려는 순간, 이모가 접시를 낚아채며 물었습니다. "우리 요셉은 커서 뭐 될 거예요?" 마치 인생의 중차대한 선택을 앞둔 사람처럼 고기냐 아니면 내 인생이 나를 놓고 엄청난 고민을 해야 했습니다. 저의 형은 그 유혹 앞에 결연히 사제가 될 것을 거부하고 고기를 포기했지만, 저는 형만큼 강직하지 못했습니다. 고기를 먹기 위해 사제가 되겠다고 고백한 것이지요. 물론 고기 때문만은 아니지만, 그렇게 저는 사제가 되겠다는 꿈을 안고 신학교에 입학했습니다.

하지만 제대 후 신학교 복학을 하면서 그동안 보지 못했던 세상을 조금씩 알게 되었습니다. 그리고 사제가 아닌 다른 인생을 꿈꾸게 되었지요. 그러나 사제가 아닌 다른 꿈을 이루기 위해서는 넘어야 할 큰 장벽, 곧 어머니와 이모들이 있었습니다. 고민 끝에 신학교를 나오기로 결심한 저는 용기를 내어 가족들에게 제 마음을 솔직하게 털어놓았습니다. "저는 가족이 원해서, 또 가족들의 강요로 신부가 되는 것이 싫습니다. 가족 중에 신부가 나오면 좋으니까 어려서부터 저한테 강요하신 것 잘 알고 있습니다. 가족들의 행복을 위해 저를 희생하고 싶지 않습니다. 그래서 이제라도 그만 신학교를 나와 제 인생을 살고 싶습니다." 이 말에 어머니는 펑펑 울고 이모들은 소리를 지르며 반대할 것이라고 생각했습니다. 하지만 제 예상은 완전히 빗나갔습니다. 오히려 차분하게 "그래, 네가 얼마나 많이 기도하고 고민한 결정이겠니. 그 결정을 존중한다. 그럼 신학교를 나와서 뭘 할 거니? 우리가 도와줄 건 없을까? 전공을 바꿔서 공부하지 않고 직장을 구할 거라면 내가 알아봐 줄게."라고 하는 것이었습니다.

예상치 못한 가족들의 모습에 저는 너무나 놀라 어떻게 반응해야 할지 몰랐습니다. 그래서 결정을 잠시 유보하고 좀 더 고민해 보겠다고 말씀드렸습니다. 신학교로 돌아온 저는 그동안 가족들이 제게 보여 준 모습을 떠올려 보았습니다. 생각해 보니 어려서부터 저를 신부로 만들겠다는 가족들의 생각은 저만의 생각이었습니다. 제 가족들은 단지 제가 행복하기를, 당신들이 생각하기에 행복한 삶을 살아가길 바라셨던 것이었습니다. 그때야 비로소 하느님께서 가족들을 통해 저를 부르셨다는 사실을 깨닫게 되었습니다.

하느님께서 세상을 창조하신 이유에 대해 교회는 "하느님의 영광을 위하여"라고 고백합니다. 이 "하느님의 영광"은 우리가 생각하는 인간적인 방식으로 높은 분에게 드리는 영광이 아닙니다. 사실 하느님께서는 우리의 찬미와 찬양이 필요하지 않으십니다. 여기서 말하는 하느님의 영광은 바로 당신의 창조물인 우리의 참행복입니다. 하느님께서 우리를 사랑하신다는 사실을 깨닫고 그분께 감사하며 그분 안에서 기쁘게 살아가는 참된 행복을 말하지요. 마치 제 가족들이 저의 행복을 위해 그렇게 저를 키워 주고 기도했던 것처럼, 하느님께서 세상을 그리고 우리를 창조하신 이유는 당신의 행복이 아닌 우리의 행복입니다.

때로는 왜 이런 시련과 어려움을 하느님께서 허락하셨는지, 그분께 실망하거나 화를 낼 때도 있습니다. 하지만 자세히 들여다보면 그 모든 것이 우리가 생명의 길을 걷고 세상이 주는 헛된 즐거움이 아닌 참된 행복으로 이끄시는 하느님의 사랑임을 발견하게 될 것입니다. 우리는 하느님께서 주신 참 행복을 추구하며 살아가고 있나요?

너 정말 진심으로 기도했나?

사제로 살아간 지 벌써 10년이 지났습니다. 신학교에 입학해서 20년이 넘는 시간을 사제가 되기 위해 준비하고 또 사제로 살아가면서 사제이기를 포기하려는 생각을 단 한 번도 갖지 않았다고 말한다면, 저는 거짓말쟁이일 것입니다. 신학교 때 일입니다. 학부를 마치고 대학원으로 진학하기에 앞서 사제의 삶이 아닌 다른 삶을 꿈꾼 적이 있었습니다. 이런 고민을 하던 중 선배 한 분을 찾아가 말했습니다. "저는 성소가 없는 것 같아요. 마음속에서 자라난 세상에 대한 환상들이 저를 힘들게 합니다. 기도를 드리는데 이 길이 제 길이 아닌 것 같다는 생각이 들어요."

그 선배는 제 눈을 한참을 바라보다가 차분히, 그러나 힘주어 말했습니다. "너 정말 진심으로 기도했냐? 만약 기도 안에서 네가 정말로 하느님께 이 길이 너의 길이 아닌 것 같다는 네 생각을 말씀드리고 또 그분의 뜻을 듣고자 노력했다면 나도 말리지 않겠어. 하지만 진심으로 기도하지 않고, 다시 말해 그분의 뜻을 헤아리려 하지 않고 그렇게 말한다면 그건 하느님께 대한 배반 아닐까? 오히려 네 마음속에 있는 욕심을 채우기 위해 하느님을 이용한 건 아닐까?" 선배는 다른 말을 이어 가기보다 제 눈을 조용히 바라볼 뿐이었습니다. 저는 어떠한 말로도 응수할 수 없었습니다. 조용히 그 선배의 방을 나와 성당으로 향했습니다. 왜냐하면 저는 진심으로 기도하지 않았고 제가 하고 싶은 것을 하느님의 이름으로 포장했다는 사실을 잘 알고 있었기 때문입니다.

때때로 기도했는데도 도움이 되지 않을 경우는 왜 있는 것일까요? 첫째, 우리가 충분히 열성적으로 기도하지 않았기 때문입니다. 사실 우리는 겨우 몇 번 기도하고 왜 기도에 답을 주시지 않느냐고 화를 냅니다. 모든 것이 속전속결로 처리되어야 하는 요즘 세상에서, 인내와 끈기에 뿌리를 내려야 할 기도가 동전을 넣으면 원하는 것이 바로 나오는 자판기가 되

제1장 * 성당에 오는 사람들이 모두 완벽한 것은 아닙니다

어 버렸습니다. 하느님께서는 전적인 헌신과 무한한 믿음, 끝없는 기다림으로 우리를 만나고자 하시는데 우리는 우리 이야기만 하고 그분의 마음을 헤아리려 하지 않습니다. 둘째, 우리가 그릇된 것을 청했기에 기도에 대한 응답이 없고 그래서 기도는 아무런 도움이 되지 않는 것으로 생각할 수 있습니다. 기도는 하느님과의 친밀한 관계를 형성하여 그분과 더욱 일치할 수 있도록 이끌어 줍니다. 이를 통해 하느님의 뜻을 받아들이고 그 뜻을 각자의 삶 속에 열매 맺도록 노력하는 것입니다. 그분과 친교를 이룰 때 나의 원의는 그분의 뜻 안에서 올바른 지향을 갖게 될 것입니다.

프란치스코 교황님께서 아시아 청년대회를 위해 한국을 방문했을 때 청년들에게 해 주신 말씀은 기도에 대한 우리의 편견을 바로잡아 줍니다. "젊은이가 해야 할 기도는 이것입니다. '주님, 제게 무엇을 원하십니까?'" 우리가 바치는 기도가 도움이 되지 않는다고 느껴질 때 주님께 이렇게 기도하세요. "주님, 저를 더욱 열정적인 기도의 길로 인도하시고 당신이 저의 삶에 무엇을 원하시는지 깨닫게 하소서. 아멘."

신부님, 저한테 왜 그러세요?

연말이 되면 각 본당에서 새로운 청년 단체장과 임원들을 뽑는 시기가 다가옵니다. 이 때가 되면 단순히 새로운 사람을 뽑는 것에 그치지 않고 모든 청년들이 하나가 될 수 있는 행사를 열곤 합니다. 이를 통해 지금까지 수고해 준 청년들에게는 고마움을 표시하고 또 다가올 한 해를 잘 이끌어 나아갈 수 있는 이들을 뽑는 시간을 가지지요. 그런 가운데 청년들 사이에 신앙과 덕망이 두터운 이가 "주님께서 원하신다면 제가 봉사하겠습니다."라고 말하면서 스스로 단체장이나 임원이 되겠다고 하면 기쁘고 화기애애한 임원 교체가 이루어질 것입니다. 그러나 많은 경우 새로운 봉사자를 뽑는 것은 쉽지 않습니다. 청년을 담당하는 신부님이 눈여겨보던 청년에게 "내년 한 해 봉사해 주지 않을래?"라고 말하면 "저는 내년에 바빠요", "전 너무 나이가 많아요.", "내년에 결혼해야 해요."라고 합니다. 급기야 "신부님, 저한테 왜 그러세요?"라면서 부탁을 거절하지요.

물론 봉사를 한다는 것, 더욱이 대표가 되어 단체를 꾸려 나간다는 것은 쉬운 일도 아니며 쉽게 결정해서도 안 되는 일입니다. 때로는 자신의 시간과 열정을 내놓는 많은 희생을 해야 하고 또 신부님과 청년들 사이의 가교 역할이 되어 여러 가지 일을 슬기롭게 조율해야 하지요. 그럼에도 "저는 부족하지만 주님께서 쓰시겠다면 저를 내어 드리겠습니다."라고 말하며 기쁘게 봉사 직무를 받아들이는 청년들을 만나게 될 때 말로 형언할 수 없는 기쁨과 존경을 느끼게 됩니다. 왜냐하면 우리가 하는 일이 단순히 세상에서의 일이 아니라 하느님의 일임을 그들은 이미 깨닫고 있기 때문입니다.

교회는 기도의 모범으로서 성모님을 이야기하며 "성모님의 기도 방식에서 '말씀하신 대로 저에게 이루어지기를 바랍니다.'(루카 1,38)라고 응답하신 성모님의 태도"를 배워야 한다고 가르칩니다. 아직 남자를 모르는 어린 처녀가 천사에게 하느님의 아들을 성령으로 잉태하게 될 것이라는 이야기를 들었을 때 그 마음은 어떠했을까요? 성모님은 〈좋은 신자되기 매뉴얼〉과 같은 데서 나올 법한 준비된 답변을 하신 것이 아닙니다. 이미 하느님 안에서 자기 자신을 내어놓는 연습을 했기에 하느님의 뜻이 자신에게 이루어지기를 바란다는 진심 어린 기도를 바치신 것입니다. 기도는 단순히 내가 하느님께 청하는 것으로만 이루어지지 않습니다. 오히려 하느님께서 내게 이루실 뜻에 순명하며 그분의 뜻이 진정 나를 통해 이루어지길 바라는 간절한 마음을 그분께 내어 드릴 때, 진정한 기도를 바치는 것입니다. 성모님을 통해 우리가 배울 기도의 모습은 말도 안 되는 상황 속에서도 하느님께서 이루실 것임을 믿고 따르며 자신을 내어 드리는 것, 그래서 그분께서 우리에게 이루실 놀라운 신비를 깨닫는 것입니다.

  뜻하지도 않았던 일들이 벌어질 때, 어떤 기도를 하느님께 드리나요? 그 가운데 하느님의 마음을 먼저 헤아리나요? 아니면 자신의 이득에만 귀를 기울이나요?

당신이 하느님을 찾고 있지만

어디에서부터 시작해야 할지 모른다면,

기도하는 것을 배우고 매일같이 기도하려고 노력하십시오.

— 마더 데레사 성녀

신부님,
제가 모신 성체가 너무 작아요!

　가끔 미사를 봉헌할 때면 뜻하지 않는 일이 생기곤 합니다. 청년들과 함께 MT를 갔을 때의 일입니다. 아침이 되어 미사를 봉헌하기 위해 준비한 미사 가방을 열었습니다. 그때 깜빡 잊고 신자들에게 나눠 줄 소제병들을 챙겨오지 않았다는 것을 알게 되었습니다. 다행히 사제용 대제병은 챙겨 왔기에, 어쩔 수 없이 대제병 하나로 미사를 봉헌했습니다. 그리고 성체 축성 후, 대제병을 잘게 쪼개어 청년들에게 나누어 주었지요. 미사가 끝나고 한 청년이 제게 물었습니다. "신부님, 제가 모신 성체가 너무 작았는데 그게 효과가 있나요?" 청년의 질문에 저는 이렇게 답했습니다. "작은 조각으로 나뉘었지만,

분명히 예수님의 성체가 맞아. 그런데 내 생각에는 오늘 미사가 더욱 특별한 의미가 있는 것 같아. 최후의 만찬 때 예수님과 제자들의 모습을 한 번 상상해 봐. 제자들이 예수님께서 당신의 몸으로 축성하신 빵을 함께 나누어 먹었던 것처럼, 우리도 오늘 하나의 빵을 함께 나눠 먹었지? 예수님과 제자들이 같은 빵을 먹고 하나가 된 것처럼, 우리도 오늘 미사 중에 같은 빵을 나눠 먹고 예수님과 하나가 된 거야. 또 우리가 서로 한 형제자매를 이룬다는 사실을 같은 빵을 먹음으로써 더욱 분명하게 드러내는 거야."

성체성사를 거행하는 일은 교회 공동체 삶의 핵심입니다. 그 이유는 바로 성체성사를 통해 우리 각자는 예수님을 받아 모시고 하나의 교회를 이루는 각각의 지체라는 사실을 분명하게 깨닫게 되고 일치를 이루기 때문입니다. 우리가 교회인 것은 성체성사를 통해 그리스도의 몸을 받아들이고 늘 새롭게 그리스도의 몸으로 변화되기 때문입니다. 그렇습니다. 우리는 단순히 단체나 동아리에 가입하듯 교회 공동체에 소속된 것이 아닙니다. 무엇보다 세례를 통하여 우리를 불러 주시고 당신 자녀로 삼으신 하느님과 친교를 이루었기 때문입니다. 또 하느님께서는 당신 자녀들이 서로 친교를 이루게 하시려고 당신 아들 예수 그리스도를 양식으로 내어 주시어 그분을 받아 모신 우리를 하나가 되게 하셨습니다. 이 사실을 누구보다 잘 알고 있었던 바오로 사도는 코린토 신자들에게 그리스도를 머리로 하여 우리 모두 한 몸을 이루고 서로 긴밀한 친교를 이루고 있음을 분명하게 말합니다. "여러분은 그리스도의 몸이고 한 사람 한 사람이 그 지체입니다."(1코린 12,27) 이 모든 것을 가시적으로 드러내는 것이 바로 성체성사입니다. 세례를 받은 모든 하느님의 백성은 미사 중에 성체를 받아 모심으로써 서로가 그리스도 안에 한 형제임을 더욱 분명하게 깨닫게 됩니다.

물론 앞서 이야기한 MT 때의 미사는 특별한 경우였습니다. 평소 미사에서 우리는 이미 쪼개어진 제병을 축성하여 성체로 받아 모십니다. 그렇다고 해서 우리가 그리스도와 한 몸을 이루고 그분 안에서 모든 그리스도인이 일치한다는 의미가 사라지지 않습니다. 미사 중에 같은 빵을 나누어 먹는 우리는 예수님과 하나가 되고 또 형제자매 모두 한 몸임을 늘 새롭게 깨닫고 교회 공동체의 삶 속에서 더욱 분명하게 일치를 이루고자 노력하게 될 것입니다.

우리에게 성체성사는 무엇인가요? 단순히 삶에 필요한 위로와 용기를 얻도록 해 주는 것으로만 여기고 있지는 않나요? 다 함께 성체를 모심으로써 서로가 그리스도 안에서 한 형제자매라는 사실을 느끼고 있나요?

싫어하는 신부님이 축성한 성체도 진짜 예수님일까요?

신앙생활을 하다 보면 종종 안타까운 경우를 만나게 됩니다. 신자들 사이에 질투와 미움이 자라나 뜻하지 않게 상처를 주거나 또 상처를 받는 일들이 생기기 때문입니다. 그런데 더 가슴 아픈 일은 교회의 성직자에게서 받은 상처 때문에 분노하거나 절망하며 냉담하는 신자들을 만날 때입니다. "신부님, 저희 본당 신부님이 너무 싫어요. 어떻게 신부님이 그러실 수 있죠? 그 신부님이 집전하는 미사는 가기도 싫어요! 그런 신부님이 축성한 성체도 진짜 예수님인가요?" 신학생 때 만났던 청년이 쏟아 낸 하소연이었습니다. 그 청년이 어떤 상처를 받았는지는 구체적으로 묻지 않았습니다. 다만 상처받은 그 사실에 안타까워하며 미안함을 표현했던 기억이 납니다. 그리고 최대한 정성을 다해 손가락을 보느라 달을 잊고 마는 '견지망월見指忘月'의 태도를 조심하자고 이야기해 주었습니다.

교회를 통해 합법적으로 사제가 된 이들이 집전하는 성사는 그 예식 자체로 예수님께서 베푸시는 은총이 주어집니다. 성사의 제정자이자 본 집전자는 예수 그리스도이십니다. 다시 말해 세례를 주시는 분도 그리스도이시고 성사가 의미하는 은총을 주기 위해 성사 안에서 활동하시는 분도 그리스도이십니다. 이것을 교회는 성사들이 '사효적으로ex opere operato(성사 거행 그 자체로)' 효력을 가진다고 가르칩니다. 조금 어려운 표현이지요? 그럼 더 쉽게 접근해 볼까요? 성사가 성립되기 위해서는 성사를 베푸는 사람, 성사 행위 자체(예식), 성사를 받는 사람이 필요합니다. 세례성사를 예로 들어 보겠습니다. 교회는 성경과 성전의 가르침에 근거하여 전례 예식을 규정했고 이 예식에 따라 세례를 베풉니다. 예식 안에서 집전자는 그리스도의 뜻에 따라 세례를 거행하는 도구의 역할을 할 뿐입니다. 성사의 원原 집전자는 그리스도이시기 때문입니다. 그래서 집전자가 그리스도의 뜻에 따라 성사를 거행하면 그 성사는 분명 효력을 가지는 것입니다.

성사를 집전하는 사제는 그리스도의 뜻에 따라 자기 역할을 온전히 수행해야 합니다. 여기서 그리스도의 뜻이란 그분을 닮은 거룩한 삶을 의미합니다. 하지만 사제도 나약함을 지닌 인간이기에 우리 눈에는 성사를 거행하기에 합당하지 않을지도 모릅니다. 그러므로 사제의 인격적 부족함보다 더 크신 분이 성사를 집전하심을 기억해야 합니다. 교회는 인간적인 완벽함을 지니고 예수님께서 맡기신 성사를 베풀지 않습니다. 세상 사람들 눈에는 부족함이 많았던 제자들, 심지어 당신을 배반했던 제자들을 예수님께서는 복음 선포자가 되게 하셨습니다. 그러기에 우리는 성사 안에서 활동하시는 그리스도를 온전히 신뢰해야 합니다. 이러한 신뢰 안에서 그리스도께서 성사를 통해 우리에게 은총을 베풀고 계심을 깨닫게 될 것입니다.

우리의 모습은 어떠한가요? 성체를 받아 모실 때, 고해성사를 볼 때 그 안에서 활동하시는 하느님을 먼저 보나요? 아니면 사제의 인간적인 나약함만을 바라보나요?

어느 유황불로 가시겠습니까?

프랑스 유학 중에 들었던 이야기입니다. 지옥에 떨어진 어떤 사람이 지옥문 앞에서 오리엔테이션을 받고 있었습니다. "자, 이곳에는 세 종류의 유황불이 있습니다. 첫 번째는 독일 사람들이 운영하는 곳, 두 번째는 이탈리아 사람들이, 그리고 마지막으로 프랑스 사람들이 운영하는 곳이 있지요. 어느 유황불로 가시겠습니까?" 그러자 그 사람이 "세 곳의 차이는 뭔가요?"라고 물었습니다. "아, 먼저 독일 사람들은 시간을 철저하게 지키죠. 그래서 정확하게 9시에 시작해서 저녁 6시가 되면 불을 끄고 퇴근합니다. 반면 이탈리아 사람들은 아침 늦게 출근해서 자기가 퇴근하고 싶을 때 퇴근해요. 그래서 운영 시간이 매일 다르지요. 심지어 유황불을 그대로 켜 두고 퇴근해서 밤새 뜨거운 불구덩이에서 고생한 사람들이 많습니다." 이러한 설명에 "그럼 어느 유황불이 좋을지 추천 좀 해 주세요."라고 묻자 "프랑스 유황불을 추천합니다. 프랑스 사람들은 1년에 6개월 정도는 시위하느라 문을 닫거든요!" 각기 다른 세 나라 사람들이 지닌 기질에 빗대어 지옥의 유황불을 설명했던 재미난 유머로 기억합니다. 그런데 지옥에 가면 정말 뜨거운 불이 활활 타오르는 유황불이 있을까요? 우리가 죽고 나면 어떤 일이 일어날까요?

교회는 성경과 전승을 통해 내려온 사도들의 가르침에 따라 인간의 육체는 썩게 되지만 영혼은 곧바로 하느님을 만나게 될 것이라 고백합니다. 각 영혼이 죽음 후에 하느님을 만나는 상황을 교리서는 개별 심판의 때라고 표현합니다. 죽음을 맞이한 순간, 우리 각자는 자신의 행실과 믿음에 따라 불멸하는 영혼 안에서 영원한 갚음을 받게 됩니다. 이 심판을 통해 어떤 이는 천국으로, 어떤 이는 연옥으로 또는 지옥으로 갑니다. 천국은 하느님의 은총과 사랑을 간직하고 죽은 사람들이 예수 그리스도와 함께 살아가는 곳을 의미합니다. 여기서 '곳'이란 물리적인 장소를 의미하는 것이 아니라 '상태'를 의미합니다. 즉 천국은 그리스도와 온전히 함께 있는 참된 행복의 상태를 의미하는 것입니다.

하느님의 은총과 사랑 안에서 죽었으나 완전히 정화되지 않고 하느님 나라에 들어가는 데 필요한 거룩함을 얻기 위해 머무는 곳을 교회는 '연옥'이라고 말합니다. 연옥은 선택된 이들이 거치는 정화의 과정이지 '지옥'처럼 단죄를 받는 이들이 머무는 곳은 아닙니다. 오히려 '지옥'은 하느님이나 이웃, 그리고 우리 자신에 대해 중한 죄를 지은 이들에게 주어진 곳입니다. 즉 죽을죄를 뉘우치지 않고 하느님의 자비로우신 사랑을 받아들이지 않은 채 죽은 이들에게 주어진 곳이지요.

여기서 중요한 것은 교회가 죽음 이후에 벌어질 일들에 대해 겁을 주거나 협박을 하려는 것이 결코 아니라는 사실입니다. 오히려 지금 이 순간을 살아가는 이들에게 하느님의 길을 충실히 살라는 초대를 하는 것입니다. 우리는 누구에게도 "이 지옥에 떨어질 놈!"이라 할 수 없습니다. 죽음 이후 우리의 삶을 결정지으신 분은 오직 하느님뿐이시기 때문입니다. 우리가 죽음 너머에 어떠한 모습이 될지는 바로 지금 우리의 삶의 모습과 연결되어 있다는 사실을 기억해야겠습니다.

하느님은 우등상보다는 개근상을 더욱 사랑하십니다

　명동성당에서 예비 신자들에게 교리를 가르쳤던 적이 있습니다. 그때 다양한 동기와 원의로 모여든 70여 명의 예비 신자들을 처음 만났습니다. 사실 그때 제가 느낀 것은 설렘과 기대보다는 오히려 어색함과 두려움이었습니다. 물론 사제로 부르심을 받고 아직 주님을 알지 못하는 이들에게 복음의 기쁨을 전한다는 것은 제게 가장 중요하며 저를 살게 하는 힘이라는 사실을 잘 알고 있었습니다. 그렇지만 매번 새로운 사람들을 만난다는 것, 제가 만나고 체험한 하느님의 사랑을 전한다는 것은 쉽지 않았습니다. 하지만 하느님께서는 이런 저의 어색함과 두려움을 기쁨으로 바꾸어 주셨습니다. 한 주 한

주 강의를 준비하면서, 또 예비 신자들의 얼굴과 이름에 익숙해지면서 조금씩 편안함을 느끼게 되었습니다. 그리고 그 편안함은 곧 만남에 대한 행복한 기다림으로 변화되었습니다. 교리 교육이 열리는 매주 목요일, 저는 강의 준비를 하며 그들의 얼굴을 조용히 떠올렸습니다. '오늘은 어떤 비유를 통해서 교리를 쉽게 풀어 볼까? 그분들이 이해할 수 있을까? 성지 순례는 잘 다녀왔을까? 지난주 시험 본다는 자매님이 있었는데 잘 보셨나 모르겠네.'

다행히도 저만 이렇게 느낀 것은 아니었습니다. 예비 신자들 역시 목요일이 늘 기다려지고 성당에 오르는 발걸음이 너무나 가볍다고 말해 주었습니다. 면담 때, 예비 신자 한 분이 제게 작은 나눔을 해 주었습니다. "알 것 같기도 하고 손에 잡힐 듯한데……. 아직 주님이 누구이신지 잘 모르겠어요. 그런데 참 이상하게도 목요일이 너무 기다려져요. 다른 분들과 함께 배우고 또 직접 바치는 기도, 봉사자님들의 미소 그리고 같은 그룹에서 나눔하는 친구들의 모습까지. 그런데 신부님, 제가 세례를 잘 준비하고 있는 것 맞나요?" 이렇게 말하며 그분은 부끄러운 미소를 지어 보였습니다. 저는 너무나 감사한 마음으로 이렇게 대답했습니다. "자매님, 제가 만난 하느님은 우등상보다는 개근상을 더욱 사랑하시는 분이세요."

우리 신앙인들은 이런 질문을 자주 합니다. "기도는 하고 싶을 때만 하면 되는 것 아닌가요? 하고 싶지도 않은데 억지로 하면 그게 무슨 기도겠어요?" 이런 질문에 저는 "아닙니다!"라고 힘주어 말할 수 있습니다. "기도하고 싶을 때만 기도하는 사람은 하느님을 소중히 여기지 않게 되며, 기도하는 법도 잊어버리게 됩니다. 기도의 생명력은 성실함에 있습니다." 그렇습니다. 하느님을 사랑한다고 말하면서 내가 좋을 때만, 필요할 때만 하느님을 찾는다면 그것은 사랑이라고 할 수 없습니다. 생텍쥐페리의 《어린 왕자》에 나오는 여우의 말처럼, 관계를 갖는다는 것은 서로에게 길들여진다는 것입니다. 꾸준히 기도하는 것은 내가 하느님께 길들여진다는 것을 의미합니다. 내 삶에 하느님께서 깊숙이 개입하심을 느끼고 그분의 현존을 매일의 삶 속에서 체험하기 위함입니다.

나를 사랑하시는 하느님을 만나고 하느님과 더욱 친밀한 관계를 갖기 위해 우리의 기도는 항구해야 합니다. 우리의 기도는 어떤 모습인가요? 필요에 의해서만 기도하고 있나요? 아니면 그분의 현존 안에 살아가고자 기도하고 있나요?

전 모르겠어요,
당신 맘대로 하세요!

　어느 할아버지 신부님이 임종이 다가온 것을 느끼고 자신이 아끼는 몇몇 후배 사제들을 병실로 불렀습니다. 갑작스러운 연락에 놀란 신부님들이 부랴부랴 병원으로 발걸음을 재촉했습니다. 침대에 누워 있던 신부님은 아주 평화로운 모습으로 자신을 위해 달려와 준 후배들을 바라보며 입을 열었습니다. "오늘 내가 자네들을 여기에 부른 이유는 다른 게 아니라, 내가 몇십 년 동안 사제 생활을 하면서 깨닫게 된 놀라운 하느님의 신비를 마지막 유언으로 주기 위해서라네." 신부님들은 그분이 갑자기 왜 그럴까 의아해하면서도 분명 무언가 큰 비밀을 알려 줄 것 같아 기대에 찬 얼굴로 신부님을 바라보았습니다. "나는 하느님이 분명히 계시다고 확신하네!" 이 말을 들은 신부님들은 깜짝 놀라며 '아니, 신부님께서 진정 하느님을 만나셨구나!', '도대체 어떻게 하느님을 만나신 거지?', '신부님이 건강이 악화되니까 이상한 소리를 하시는 건가?' 등등 여러 생각을 머릿속에 떠올렸습니다.

잠시 침묵이 흐른 후, 한 신부님이 조심스레 입을 열어 할아버지 신부님에게 물었습니다. "신부님, 어떻게 그런 확신에 이르셨습니까? 혹시 하느님을 직접 만나신 것인가요?" 그러자 할아버지 신부님은 한숨을 푹 내쉬며 후배 신부님들에게 말했습니다. "내 삶을 돌아보니, 내가 서품을 받고 평생토록 사제로 살면서 내 뜻대로 되는 게 하나도 없었어. 오히려 '하느님 도와주세요. 전 모르겠어요, 당신 맘대로 하세요!'라고 체념하며 하느님께 매달렸던 일들은 다 잘되었다네. 이제야 알았어. 하느님은 분명히 계시다는 것을."

조금은 우스갯소리로 들릴지도 모르지만, 할아버지 신부님의 고백은 참으로 놀라운 신앙에서 비롯된 것이라 생각됩니다. 사실 많은 그리스도인들은 언제나 하느님의 뜻과 자신의 뜻을 두고 저울질합니다. "하느님의 뜻이 뭐지? 내가 행복하게 잘 살면 그게 하느님의 뜻 아닌가?"라며 자기 맘대로 살아가는 신앙인도 있습니다. "하느님의 뜻을 위해서라면 어떠한 희생을 치르더라도 무조건 따라야 해!"라고 말하지만 정작 하느님께서 원하시는 것이 무엇인지 살펴보고 이해하고자 노력하는 일 없이 맹목적으로 신앙생활을 하는 사람들도 있습니다. 또는 입으로만 하느님의 뜻을 찾고 자기 하고 싶은 대로만 살아가는 '삶 따로, 신앙 따로'인 사람들도 있지요. 과연 하느님의 뜻과 자신의 뜻 사이의 이 저울질을 끝마치려면 어떻게 해야 할까요?

우리가 주님의 기도를 바치면서 드리는 청원, "아버지의 뜻이 하늘에서와 같이 땅에서도 이루어지소서."는 하느님께서 원하시는 것을 우리가 함께 원할 때 진정한 행복을 발견하게 된다는 사실을 깨우쳐 줍니다. 사실 우리는 기도를 통해 하느님의 뜻이 무엇인지, 또 나를 통해 하느님께서 이루고자 하시는 일이 무엇인지 점점 깨닫게 되고 그 하느님의 뜻을 이루기 위해 필요한 인내와 용기를 청할 수 있습니다. 기도를 통해서 우리는 예수님과 결합되고 성령의 도우심으로 우리의 의지를 하느님께 봉헌하며 예수님께서 늘 선택하신 것을 우리도 선택하고 실천에 옮길 수 있습니다. 그때야 비로소 아버지 하느님의 마음에 드는 일을 할 수 있고 참행복을 발견할 수 있습니다. 우리는 주님의 기도를 바치며 나의 뜻보다 먼저 하느님의 이름을 찬미하며 하느님의 나라가 이 땅에 도래하기를 청하고 하느님의 뜻이 이 땅에서도 이루어지기를 간절히 바랍니다. 그분의 뜻을 찾고, 그분의 뜻이 실현되기를 바라는 마음, 이것이 주님의 기도의 핵심이며 우리가 주님의 기도를 통해 청하는 것입니다.

  늘 바치는 주님의 기도를 우리는 어떻게 바치고 있나요? 진정 하느님의 뜻을 먼저 찾고 그 뜻이 이루어지기를 간절한 마음으로 기도하고 있나요?

예수님께서 정말 40일 동안 단식하셨나요? 누가 보고 성경에 썼나요?

어린이 미사 때 일입니다. 성주간을 앞두고 게쎄마니 동산에서 피눈물을 흘리며 기도하시는 예수님의 모습을 잔잔하게 설명했습니다. 그리고 예수님과 함께했지만 쏟아지는 졸음을 참지 못하고 잠든 제자들에 대해 이야기하며 고통 가운데 계실 예수님을 위해 열심히 기도하자고 아이들을 초대했습니다. 미사가 끝난 후, 아이 하나가 찾아와 물었습니다. "신부님, 오늘 복음에서 보면, 제자들은 다 자고 있었잖아요. 그럼 예수님께서 피눈물을 흘리며 기도하신 건 누가 본 거예요? 도대체 누가 예수님의 모습을 보고 글로 적은 거예요?"

사실 아이들의 눈은 우리보다 예리할 때가 많습니다. 우리는 성경 말씀을 너무 자주 들어 왔기에 무심코 넘기지만 아이들은 좀 다른 듯합니다. "신부님, 예수님께서 40일 동안 광야에서 단식하며 기도하셨다는데 이건 또 누가 보고 쓴 거예요? 정말 40일 동안 물 한 모금조차 드시지 않은 거예요?" 아이가 던진 이런 질문들은 근본적으로 우리가 어떻게 성경을 읽어야 하는지 묻게 만듭니다.

하느님께서는 당신의 말씀을 전하기 위하여 인간 저자를 선택하셨습니다. 이때 그분께서는 저자의 능력과 역량을 있는 그대로 이용하시며 성령을 통하여 당신께서 원하신 것을 기록하여 전달하게 하셨습니다. 이것을 교회는 '성령의 영감'이라 가르칩니다. 중요한 것은 하느님께서는 결코 인간에게 기계적으로 글을 받아 적으라고 명령하신 것이 아니라는 사실입니다. 오히려 그가 느끼고 체험한 하느님의 놀라운 업적을 성령의 빛을 받아 자신의 능력 안에서 적도록 하셨습니다.

복음사가들의 경우, 자신이 몸담고 있는 공동체 안에서 입에서 입으로 전해져 오던 전승들을 모아 각자 다른 의도와 다른 문체와 표현법을 활용하여 편집했습니다. 그래서 우리가 읽고 있는 복음서들이 조금씩 차이를 보이는 것이지요. 여기서 다시 강조하고 싶은 사실은 성령께서 성경 저자들 안에서 작용하시어 하느님의 뜻을 온전히 전해 주셨다는 것입니다. 분명 피눈물을 흘리며 기도하신 예수님을 신문 기사를 쓰듯 육하원칙에 따라 작성하는 것은 불가능합니다. 증명되지 않으면 받아들이지 않으려는 유혹 앞에서 우리는 하느님 말씀에 대한 온전한 신앙으로 성경을 읽어야 합니다. 그래야 그 안에 감추어진 하느님의 뜻, 그분의 놀라운 신비를 깨달을 수 있습니다.

여기서 우리는 성경을 대하는 중요한 자세를 발견할 수 있습니다. 성경이 성령의 영감을 받아 쓰였듯이 성경을 읽는 우리도 성령의 도우심 안에서 성경을 읽어야 한다는 사실입니다. 실증주의적 혹은 과학적인 방식으로만 접근할 경우, 성경이 전해 주는 핵심을 깨달을 수 없습니다. 사실 많은 철학자나 사상가들이 성경을 분석하며 이 내용이 진짜인지 아닌지, 혹은 오류가 없는지를 연구했고 아직도 그 연구를 계속하고 있습니다. 하지만 많은 경우, 성령의 영감이라는 중요한 사실을 인정하지 않고 단순한 고전 가운데 하나로만 성경을 마주합니다. 신자인 우리가 그들과 같은 방식으로 성경을 대할 때 성경을 통해 우리와 통교를 나누고자 하시는 하느님을 결코 만날 수 없을 것입니다.

　성경은 하느님께서 보내시는 생생한 연애편지입니다. 그러나 단순히 당신의 생각을 일방적으로 전하고자 하는 편지가 아닙니다. 성령 안에 머물며 그분의 도우심으로 성경을 읽게 될 때, 지금 여기에서 나와 공동체에 말씀하시는 하느님을 만날 수 있고 그분과 대화를 나누게 됩니다. 성경이 여러분을 읽게 하세요. 성령께 여러분을 내어 맡기세요. 그것이 성경을 올바로 이해할 수 있는 열쇠입니다.

사도신경은
사도들이 신경 써서 만든 기도?

　본당에서 첫영성체 교리를 하던 중이었습니다. "여러분, 미사 중에 신부님의 강론이 끝나고 신자들이 다 같이 바치는 게 있어요. 뭘까요?" 서로 눈빛을 주고받던 아이들이 "사도신경이요!"라고 한 목소리로 외쳤습니다. 저는 흐뭇하게 아이들을 바라보면서 다시 물었습니다. "그럼 사도신경이 정확히 뭔지 아는 사람?" 질문이 어려웠는지 아이들은 눈을 끔벅끔벅하며 저를 바라보기만 했습니다. 잠깐의 침묵이 지나간 후 한 아이가 마치 깊은 깨달음을 얻은 것처럼 번쩍 손을 들며 말했습니다. "저 알아요! 예수님의 제자들인 사도들이 신경 써서 만든 기도요!" 이에 다른 아이들은 "오!" 하고 박수를 치면서 훌륭한 대답이라고 칭찬했습니다. 저는 고개를 푹 숙이며 과연 이 첫영성체 교리를 잘 끝낼 수 있을까 생각하며 한숨을 크게 내쉬었답니다.

'신경'이란 가톨릭 신자들이 고백하는 신앙 내용을 짧게 요약한 신앙 조문이라 말할 수 있습니다. 이 신경을 통해 모든 신자들은 하나의 공통된 신앙 고백을 하는 것입니다. 성당을 다니지 않는 친구가 "성당에서는 뭘 믿어?"라고 물어본다면 다른 부연 설명 없이 "응, 나는 전능하신 천주 성부 천지의 창조주를 믿고…… 그분의 외아들 예수 그리스도를 믿고……."라고 하면서 사도신경을 이야기하면 됩니다.

그런데 이런 신앙 내용이 그냥 하늘에서 뚝 떨어져 생긴 것이 아닙니다. 우리는 이미 신약에서 단순하지만 가장 핵심적인 믿음의 고백, 예를 들어 "너희는 나를 누구라고 하느냐?"라는 예수님의 물음에 "스승님은 그리스도이십니다."라고 답한 베드로 사도의 고백을 발견할 수 있습니다. 사실 "예수 그리스도"라고 말하는 것 자체가 신앙 고백입니다. 이 고백 안에는 '나자렛에서 나신 예수라는 분이 바로 우리가 기다리던 메시아, 다시 말해 하느님으로부터 기름부음을 받은 우리의 주님, 구세주이십니다.'라는 믿음이 포함되어 있기 때문이지요. 이러한 고백에 대해 그럼 하느님과 예수님이 누구이신지, 또 성령과 교회는 누구인지 등 신앙인이 믿는 내용을 더 구체적으로 표현하면서 신경이 만들어졌습니다.

여러 신경 가운데 잘 알려진 것은 사도신경과 니케아-콘스탄티노폴리스 신경입니다. 사도신경은 옛 전설에 따르면 사도들이 모여 한 문장씩 써서 만들어졌다고 하지만, 사실 사도 시대 이후 2~3세기 로마에서 거행된 세례 예식에서 그 기원을 찾을 수 있습니다. 성부와 성자, 성령에 대한 믿음을 고백하는 예비 신자에게 교회는 삼위 하느님의 이름으로 머리에 물을 부으며 세례를 베풀었습니다. 파스카 성야 때 그리스도인이 갱신하는 세례 예식도 바로 여기에 기원을 두고 있지요.

한편 니케아-콘스탄티노폴리스 신경은 세례가 아닌 교리적인 측면이 담긴 신경입니다. 초 세기 교회에는 사도들로부터 전해 받은 복음을 잘못 이해하고 생긴 이단들이 많이 있었습니다. 그 이단들로부터 신앙의 유산을 보호하고자 니케아(325년)와 콘스탄티노플(381년)에서 공의회가 열렸습니다. 바로 이때 그리스도교 신앙의 본질적인 내용을 요약하여 고백했던 것이 지금의 니케아-콘스탄티노폴리스 신경입니다.

혹시 지금껏 입으로만 신경을 외우지는 않았나요? 앞으로는 신경에 담긴 의미를 더욱 마음에 새기며 고백할 수 있었으면 좋겠습니다.

예수님은 하느님 반, 인간 반?

어느 청년 모임에서 강의를 하던 중 청년들에게 물었습니다. "예수님은 사람일까요? 하느님일까요?" 갑작스러운 질문에 청년들은 당황했는지 제발 자신을 지목하지 말라는 듯이 제 눈을 피했습니다. 끈기 있게 기다리자 드디어 한 청년이 대답했습니다. "하느님 반, 인간 반, 뭐 이 정도 아닐까요?" 제가 다시 물었습니다. "아, 그럼 그리스 신화에 나오는 켄타우로스가 반은 인간, 반은 짐승이었던 것처럼, 예수님은 반인반신半人半神이란 뜻인가요?" 그러자 그 청년은 "아, 그런 건 아니고요. 음, 에이 잘 모르겠어요."라고 얼버무렸습니다. 자, 이 질문에 여러분은 어떻게 대답할 수 있나요?

이 질문이 뭐 그리 중요하냐고 되물을 수도 있습니다. 그런데 이 질문은 우리의 구원과 직결되는 문제이기에 정말 중요합니다. 우리는 예수님의 십자가와 죽음을 통해 구원을 받게 되었음을 고백하는 그리스도인들입니다. 그런데 만약 예수님께서 단순한 인간이셨다면 우리의 구원은 거짓말이 됩니다. 왜냐하면 우리를 구원하실 수 있는 분은 오로지 하느님 한 분뿐이시기 때문입니다. 반대로 예수님께서 신으로만 드러나셨다면, 그분께서 사람이 되어 태어나시고 또 우리와 함께 계시고 우리를 대신하여 십자가에 못 박혀 돌아가셨다는 십자가의 구원은 단순한 '쇼'에 불과하게 됩니다.

사실 초 세기 그리스도인들은 예수님께서 하느님인지 인간인지를 놓고 오랫동안 논쟁해 왔습니다. 그런 가운데 예수 그리스도는 하느님께서 단지 외형적으로만 인간의 육신을 취하신 것이라는 이단, 예수 그리스도 안에서 인성이 신성으로 바뀌었다고 말하는 이단 등 다양한 이론이 등장합니다. 이에 사도들이 전한 신앙의 유산을 보존하고 지킬 의무를 가지고 있던 주교들이 451년 칼케돈에 모여 예수 그리스도의 신성과 인성은 '분리되거나 뒤섞이지 않았다'고 선언합니다. 이 공의회의 고백은 예수님께서 부분적으로 하느님이거나 인간이 아니심을 믿는 것입니다. 또한 신성과 인성이 예수님 안에서 적당히 뒤섞여 있는 것이 아니라 하느님만 아시는 방식으로 신비로이 결합되어 있음을 믿는 것입니다. 앞서 청년이 '50% 하느님, 50% 인간'이라고 한 표현은 인간의 언어와 이성이 지닌 한계를 보여 준다고 생각됩니다. 참하느님이시며 동시에 참인간이라는 믿음을 굳이 숫자로 표현하자면 예수님은 '100% 하느님, 100% 인간'이라고 할 수 있을 것입니다.

오늘날에도 수많은 이단이 우리를 잘못된 길로 유혹합니다. 예수님을 단순히 하급 신 내지 예언자로 만들어 버리는 이단의 유혹에 빠지지 않기 위해서, 올바른 신앙의 기준인 "참하느님이시며 동시에 참인간이신 예수 그리스도"에 대한 믿음을 더욱 확고히 할 수 있기를 바랍니다.

2장

사제가 되면
고해성사 내용을 잊게 해 주십시오

신부님, 이거보다 더 사랑해요!

 교구의 사제들에게 가장 아쉬우면서 동시에 설레는 때가 언제일까요? 물론 사제마다 다르겠지만, 저는 첫 부임했던 본당을 떠날 때였습니다. 2년이란 짧지만 긴 시간을 함께해 온 신자들을 뒤로한 채 새로운 신자들을 만나야 하는 바로 그때, 슬픔과 기쁨이 한꺼번에 몰려들었습니다. 새 신부들에게 첫사랑이라 불리는 첫 본당에서의 마지막 날, 유치원도 마다하고 송별 미사 맨 앞자리에서 두 손 모아 기도하던 꼬맹이가 있었습니다. 엄마 품에 안겨 미사에 참례했지만 수줍은 얼굴로 한 마디도 못했던 꼬맹이가 미사가 끝나자 울먹이며 나지막한 목소리로 "신부님, 가지 마세요!"라고 말할 때는 마음이 울컥했습니다. "이제 신부님 못 볼 거야. 그래도 우리 나중에 꼭 보자, 알았지?" 고개를 끄덕이던 꼬맹이는 자그마한 두 팔로 큰 원을 그리며 "신부님, 이 만큼, 아니 이거보다 더 사랑해요!"라고 답해 주었습니다. 손가락 끝마다 힘을 주어 자신이 그릴 수 있는 세상에서 가장 큰 원을 그리며 사랑을 표현하던 꼬맹이. 나중에 그때 이야기를 전해 주었을 때, 이미 예쁜 아가씨가 된 그 아이는 언제 그랬냐는 표정으로 자신의 흑역사를 지워 버리고 싶어 했지만, 저는 해맑은 모습으로 동그라미를 그리던 꼬맹이를 절대 잊을 수가 없습니다.

유한한 존재인 인간은 하느님의 위대하심을 완전히 표현할 수 없습니다. 왜냐하면 하느님께서는 우리의 생각과 표현을 뛰어넘는 전지전능하신 분이시기 때문입니다. 비록 하느님의 신비를 깨닫도록 이끌어 주는 이성을 선물로 받았지만, 시간과 공간이라는 제약 속에 살아가는 인간의 표현은 충분하지 못합니다. 하느님에 대한 이해에 있어 결코 완성이란 있을 수 없습니다. 그러기에 믿음에 교만해서는 안 됩니다.

하느님께서는 당신 자신을 우리에게 계시하셨습니다. 그분께서는 우리가 당신을 알아볼 수 있도록 당신 자신을 낮추시어 인간이 되어 오셨습니다. 하느님께서 우리에게 보여 주신 사랑의 절정은 바로 예수 그리스도이십니다. 예수님께서 보여 주신 인간에 대한 사랑, 그분의 수난과 죽음, 부활을 깨달을 때 우리는 하느님을 올바르게 이해하고 표현할 수 있습니다. 그러기에 비록 인간의 언어가 하느님의 위대하심을 온전히 표현하지 못하지만, 예수님을 끊임없이 찾고 만나고자 노력할 때 우리는 하느님을, 하느님께서 보여 주신 인간에 대한 사랑을 표현하게 될 것입니다. 또한 2천 년이 넘는 시간 동안 교회가 고백해 온 수많은 표현과 교부와 성인들이 전해 준 말에 귀 기울인다면 하느님을 더욱 깊이 이해하고 올바르게 표현할 수 있을 것입니다. 우리 안에 계신 성령께서 우리를 이끌어 주실 것이기 때문입니다.

그 옛날 저를 위해 작지만 가장 큰 원을 그리며 자신의 마음을 보여 준 꼬맹이. 비록 우리의 이성으로 하느님을 온전히 이해할 수 없다 해도, 예수님의 사랑을 깨달으려 끊임없이 노력할 때 우리가 그린 가장 큰 원을 보시고 하느님께서 기뻐하지 않으실까 생각해 봅니다. 우리는 어떤 원을 그려 하느님께 사랑을 고백할 수 있을까요?

언제나 함께

　금실 좋은 한 부부가 있었습니다. 서로 아끼고 사랑하는 모습이 너무 아름다웠기에 주위 사람들은 늘 그 부부에 대한 칭찬을 아끼지 않았지요. 그런데 어느 날 아내가 불의의 사고로 앞을 보지 못하게 되었습니다. 큰 시련 앞에서 남편은 아내를 더 큰 사랑으로 돌보아 주었습니다. 길을 걸을 때면 항상 손을 잡아 주고 보이지 않는 눈앞에 놓인 장애물을 조심하라 알려 주며 아내는 볼 수 없게 된 아이들의 미소, 꽃들의 아름다움을 입으로 전해 주었습니다. 전자책을 배우기 위해 매일같이 지역 문화 센터를 방문할 때도 남편은 아내와 동행하며 아내의 눈이 되어 주었습니다.
　하지만 이 사랑은 오래가지 못했습니다. "이제는 당신 스스로 해결하려고 노력해 봐! 평생 당신 뒷바라지만 할 수 없 잖아!" 사랑하는 남편의 차가운 모습에 아내는 눈물이 마를 때까지 울고 또 울었습니다. 아내는 매번 남편이 데려다 주던 그 길에서 넘어지고 또 넘어졌습니다. 찢어진 상처보다 더 큰 아픔은 홀로 남겨졌다는 사실이었습니다. 그러나 아내는 보란 듯이 일어서서 남편 앞에 서리라 결심했습니다.

그렇게 몇 달이 지나 혼자서도 충분히 버스를 타고 내릴 수 있게 되었습니다. 어느 날 평소와 같이 지역 문화 센터에 가기 위해 버스를 타던 아내는 운전기사의 질문에 너무나 놀랐습니다. "오늘은 남편 분이 안 오시나 봐요?" 당황해하던 아내에게 기사는 그동안의 일들을 차근차근 설명해 주었습니다. 그동안 자신이 버스 안에서 넘어져 무릎이 까져 아파할 때도, 혼자가 되었다는 마음에 눈물을 흘릴 때도, 정류장을 지나쳐 안절부절못할 때도, 남편은 곁에서 모든 것을 지켜보고 있었던 것입니다. 그렇게 침묵 중에 곁에서 함께 아파하고 눈물을 흘리며 스스로 일어날 수 있도록 지켜 주었을 남편의 모습을 떠올린 아내는 그동안 남편을 향해 쏟아 냈던 원망이 눈 녹듯 사라지는 것을 느낄 수 있었습니다.

성령을 믿는다는 고백은 무엇을 뜻할까요? 삼위일체 하느님의 한 위격으로 우리에게 드러나신 성령을 믿는다는 것은 성령께서 진리를 깨우쳐 주시며 우리의 생명을 새롭게 하시는 주님이시라고 고백하는 것입니다. 예수님께서는 죽음을 앞두고 제자들에게 "다른 보호자"(요한 14,16)를 보내 주기로 약속하셨습니다. 제자들은 부활하신 예수님을 직접 만나 뵙고 그분이 하신 모든 말씀이 사실이었음을 깨닫게 되었지만, 예수님의 제자였다는 이유로 모진 고통을 당할 것이 두려워 예수님께서 승천하신 이후에도 다락방에 숨어 지냈습니다. 그런데 오순절 날, 예수님께서 약속하신 성령께서 제자들에게 내렸습니다. 성령께서는 그들에게 예수님의 죽음과 부활을 통해 이루신 하느님의 놀라운 구원 업적을 담대히 사람들에게 선포할 수 있도록 지혜와 용기를 부어 주셨습니다.

우리가 성령을 믿는다고 고백하는 것은 바로 우리 안에서 활동하시는 성령 하느님을 믿는 것입니다. 성령께서는 다양한 방식으로 우리가 예수 그리스도를 통해 드러난 하느님의 사랑을 더욱 깊이 깨닫도록 이끌어 주십니다. 또한 우리가 세상 안에서 참된 그리스도인으로서 예수 그리스도를 증거하는 빛과 소금이 될 수 있도록 변화시켜 주십니다.

앞서 일화에서 눈에 보이지는 않지만 언제나 남편이 자신과 함께하고 있다는 사실을 깨달은 아내의 마음은 어떠했을까요? 그와 같이 성령께서는 우리 눈에 보이지 않지만 언제나 우리와 함께 머무르시며 우리가 참된 신앙의 길을 걷도록 이끌어 주십니다. 우리는 우리의 삶 안에서 활동하시는 성령을 언제, 어떻게 느끼고 있나요?

예수님을 믿지만
교회는 믿을 수 없습니다

외국에 나가 공부할 때의 일입니다. 제가 있던 곳은 2천 년이 넘는 교회의 역사와 함께한 프랑스였습니다. 가는 곳마다 성당이 마을의 중심에 위치할 정도로 사람들의 삶 깊숙이 그리스도교 전통과 문화가 뿌리내린 곳이지요. 어느 날 방학 동안 머물던 본당 신자의 초대로 근처 마을 파티에 참석하게 되었습니다. 말로만 듣던 프랑스식 '집밥'에 온 관심이 쏠린 저에게 한 남자가 다가왔습니다. 그분은 제가 사제라는 사실에 놀라며 그동안 신앙에 대해 궁금했던 것과 자신이 생각하는 신앙에 대해 쏟아 붓기 시작했습니다. 아직 프랑스어가 익숙하지 않았던 저는 그분이 말하는 모든 것을 이해할 수 없었지만, 한 가지는 분명히 이해했습니다. 그분 이야기의 핵심은 '예수님은 믿지만 교회는 믿을 수 없다.'였습니다. 이를 증명하기 위해 오랜 시간 성경을 독학했고 또 갖가지 교회 서적을 읽으면서 오류에 가득 찬 교회를 발견했다는 것입니다. 그분의 마지막 말이 아직도 생각납니다. "저는 오로지 성서에 나타난 이야기만을 믿지 교회가 가르치는 것은 믿지 않습니다." 과연 그럴까요?

우리는 참된 신앙을 어디서 배울까요? 인간의 눈에 보이지 않는 하느님께서는 당신 자신을 낮추셔서 우리가 보고 만지고 느낄 수 있는 분으로 나타나셨는데, 그분이 예수 그리스도이십니다. 예수님께서는 당신이 성취하고 전파하신 복음을 선포하도록 사도들에게 사명을 맡기셨고 이를 위해 성령을 약속하셨습니다. 그분의 복음은 가장 먼저 당신이 살아 계실 때 함께한 사도들과 제자들 공동체 안에 전해졌습니다.

예수님의 승천 이후, 성령의 도우심 안에 사도들은 그분과 함께한 공동 생활에 바탕을 둔 설교와 모범, 그리고 전례와 제도로써 그리스도의 복음을 증거하고 살아갔습니다. 성경에는 포함되어 있지 않지만 교회의 생생한 삶을 통해 전해지는 이 모든 것을 교회는 '성전聖傳'이라고 가르칩니다. 성령을 통하여 초기 공동체 안에 이루어진 이 생생한 복음을 우리는 거룩한 전승으로 믿습니다. 이러한 전승은 훗날 필요에 의하여 글로 전해지게 되었는데 이를 우리는 '성경聖經'이라 고백합니다. 이처럼 교회의 교리와 생활, 전례를 통하여 모든 세대의 사람들에게 전달되는 것은 '성경'만이 아니라 '성전'도 포함하는 것입니다. 그래서 교회는 하느님 계시의 두 원천을 '성전'과 '성경'으로 가르치며, '성전'은 '전해진 하느님의 말씀'이며 '성경'은 '쓰인 하느님의 말씀'이라 고백합니다.

앞서 프랑스에서 만난 그분은 '성경'이 아닌 하나의 '책'에서 하느님을 찾은 것이라 생각됩니다. 비록 공동체에서 받은 상처로 인해 마음의 문을 닫고 성서 공부에만 몰두했지만, 그분이 읽은 것은 단지 2천 년 전의 고전일 뿐 살아 있는 하느님의 말씀이 아니었다고 생각됩니다. 성전과 성경으로 드러난 구원의 기쁜 소식인 복음. 이 복음을 살아 계신 하느님 백성의 공동체인 교회 안에서 믿음으로 받아들이고 살아갈 때, 우리는 온전히 예수님을 만날 수 있으며 참된 신앙을 배울 수 있다는 사실을 기억해야겠습니다.

예수님께서 왔다 가셨어

2010년 신앙의 해를 맞이해서 인천 교구에서 마련한 신앙 체험 수기 공모전에 당선된 자매님의 글을 읽고 많은 눈물을 흘렸습니다. 자매님의 신앙 체험을 요약하면 이렇습니다. 자매님에게는 전도유망한 오빠가 있었습니다. 하지만 신장 이식 수술, 그 이후 갑작스럽게 찾아온 뇌출혈로 인한 한쪽 몸의 마비, 마지막에 간암으로 인해 시력과 청력을 잃어 혼자서는 아무것도 할 수 없게 되었습니다. 그런 오빠를 지켜 보며 누구보다 가슴 아팠을 어머니는 지칠 줄 모르는 사랑을 보여 주었습니다. 특히 극한의 고통 중에서도 오빠와 어머니는 하느님을 사랑하고 그분께 감사드리는 믿음을 보여 주었습니다. 이 엄청난 시련 속에서 하느님을 원망하며 기도하지 못했던 자신을 바라보며 고통 가운데 넘치도록 베푸시는 하느님의 은총을 자매님은 글로 나누었습니다. 자매님의 고백 가운데 제 마음을 울린 부분을 함께 나누고 싶습니다.

"오빠는 최근 한 달간 중환자실에서 지냈습니다. …… 신부님께서 병자성사를 주러 오셨을 때 오빠는 맥박도 없고 의식도 없었어요. 신부님께서는 저희도 알아들을 수 없는 아주 작은 목소리로 병자성사를 주셨어요. 그런데 오빠가 신부님의 성사에 맞춰 크고 똑똑한 말투로 '아멘'을 외치는 거예요. 분명 하나도 보이지도 들리지도 않는 오빠가 어떻게 대답했을까요? …… 다음 날 의식이 돌아온 오빠에게 '신부님께서 병자성사를 주신 것 아느냐'고 물었더니 오빠는 '예수님께서 왔다가 가셨다'고 했습니다. 그래서 '아멘'이라고 답했다는 겁니다."

우리의 기도는 성령을 통해서 이루어집니다. 성령께서는 언제나 우리 안에 활동하시며 우리를 하느님께로 이끌고 가십니다. 바오로 사도는 이와 관련하여 이렇게 증언합니다. "우리는 올바른 방식으로 기도할 줄 모르지만, 성령께서 몸소 말로 다 할 수 없이 탄식하시며 우리를 대신하여 간구해 주십니다."(로마 8,26) 그렇습니다. 앞서 글에서 만난 형제님이 '아멘'이라고 응답한 것은 그분 안에 계신 성령의 활동이라고 저는 믿습니다. 세례성사와 함께 우리 모두는 성령을 받았습니다. 성령께서는 예수님께서 끊임없이 아버지 하느님과 일치를 이루기 위해 기도하셨던 것처럼, 우리를 하느님과 일치시키기 위해 우리를 도와주고 계십니다. 성령께서는 우리가 기도할 때 우리 안에서 말씀하십니다. 그러기에 기도에 대한 다양한 지식을 쌓는 것도 중요하겠지만, 무엇보다 성령께서 우리 마음을 하느님께로 향하도록 이끌어 달라고 청해야겠습니다. 그것이 기도의 출발점이기 때문입니다. 또한 우리가 끊임없이 기도할 수 있도록 도와 달라고 청해야겠습니다.

조용한 성당에 앉아 기도해 봅시다. "오소서 성령이시여! 저는 기도할 줄 모릅니다. 다만 당신께서 하느님께로 저를 이끌어 주실 것이라 믿습니다. 어서 오시어 제가 기도할 수 있도록 저를 이끌어 주소서." 우리의 기도는 이미 하느님께로 향하고 있습니다. 바로 성령과 함께 말이지요.

묵주 공장 공장장

 첫 본당 보좌 신부 시절, 사순 시기를 맞이하여 청년들이 자신의 신앙도 돌아보고 주님의 부활도 잘 준비할 수 있는 좋은 프로그램은 없을까 고민을 했습니다. 고민 끝에 사순 시기 동안 새벽 미사 후 출근 전에, 그리고 퇴근 후에 성당에 모여 짧은 시간이지만 함께 묵주를 만들어 보자고 제안을 했습니다. 그리고 그 묵주를 부활 때 판매하여 청년 캠프에 필요한 재원을 마련하는 데에 쓰면 좋을 것 같다고 말했지요. 청년들은 흔쾌히 긍정적인 의사를 표시했고 비록 모든 청년은 아니었지만 자유롭게 함께할 수 있는 청년들을 중심으로 묵주 만들기에 돌입했습니다. 때로는 청년 연합회실에서, 때로는 사제관에 모여 뽀얀 연기를 뿜어 내는 맛있는 만두와 떡볶이를 먹으며 매일 구슬을 엮어 갔습니다. 청년들이 모여 무언가를 이루어 나간다는 것 자체가 제게 큰 기쁨이었습니다.

시간이 얼마나 지났을까요? 청년들 가운데 한 명이 조심스럽게 제게 물었습니다. "신부님, 저희 묵주 만드는 것도 좋은데 기도할 수 있는 시간을 가지면 어떨까요?" 그 말을 들은 저는 뒤통수를 한 대 얻어맞은 느낌이었습니다. 묵주를 만드는 것보다 더 중요한 것은 함께 묵주 기도를 바치며 성모님 안에서 예수님의 삶을 묵상하도록 돕는 것인데, 저는 묵주공장 공장장이 되려고 했지 예수님의 제자가 되어 그분을 따르고자 하는 사람들의 동반자가 되어 주질 못했던 것입니다.

어느 때부터인지는 모르겠지만 이처럼 묵주가 대중화되었던 적은 없는 것 같습니다. 다양한 묵주가 성물방을 가득 채운 모습을 보면 '우리 신자들은 참 묵주 기도를 좋아하는구나.'라는 생각을 하게 됩니다. 하지만 우리는 그 묵주로 얼마나 기도를 바치고 있을까요? 요한 바오로 2세 성인 교황님께서 말씀하셨듯이 묵주 기도는 단순하지만 심오한 내용이 담긴 훌륭한 기도입니다. 왜냐하면 묵주 기도 안에서 우리는 예수님의 생애에서 가장 중요했던 순간을 성모님과 함께 걸어

가기 때문입니다.

묵주는 단순한 장식품이 아닙니다. 또 위험에서 우리를 지켜 주는 마술적인 물건도 아닙니다. 묵주가 가장 아름다운 순간은 묵주를 잡고 기도할 때입니다. 피곤함에도 출퇴근 시간에 버스나 전철 안에서 묵주를 잡고 기도하는 모습, 쉬는 시간 잠시 눈을 감고 묵주 반지를 돌리며 기도하는 모습, 성당 입구 성모상 앞에 무릎을 꿇고 묵주를 굴리며 영적 꽃다발을 바치는 모습. 묵주를 만드는 것에 그치지 않고 묵주를 통해 주님을 만나고 싶어 했던 그 청년을 떠올려 보면, 혹시 지금도 기도에 관해 이야기만 하지, 직접 기도를 하지 않는 것은 아닌지 반성하게 됩니다.

우리의 묵주는 지금 어디에 있나요? 손가락과 팔을 꾸며 주는 단순한 장식인가요? 아니면 성모님을 통해 예수님께로 이끄는 구원의 도구인가요?

하느님은 우리를 사랑하시는 아버지? 거짓말!

사제가 되어 처음으로 첫영성체 교리를 했을 때의 일입니다. 아이들의 재잘거리는 소리와 그 모습을 바라보는 엄마들의 행복한 미소로 가득 찬 교리실을 들어섰을 때, 앞으로 몇 주 동안 아이들과 하느님 안에서 즐겁게 지낼 생각에 가슴이 벅차올랐습니다. 그러나 그 꿈은 얼마 지나지 않아 산산히 조각났습니다. 정신없이 떠들며 수업을 방해하는 아이들, 눈만 돌리면 싸우는 아이들로 인해 쉽지 않은 시간을 보냈습니다.

그러던 와중 소위 '멘붕'에 빠진 일이 생겼습니다. 삼위일체 하느님 가운데 성부에 관하여 설명할 때였습니다. 저는 '하느님께서는 우리를 너무나 사랑하시는 아빠, 아버지'라고 열정적으로 설명했습니다. 바로 그 순간 교리실 구석에서 "거짓말!"이라는 날카로운 목소리가 들려왔습니다. 저는 깜짝 놀라 그 목소리가 들리는 곳으로 시선을 돌렸습니다. 그리고 증오에 찬 눈빛으로 저를 바라보는 한 아이를 발견했습니다. "어른들은 다 거짓말쟁이야!"라며 아이는 소리쳤습니다. 사정은 이러했습니다. 제가 사목하던 성당 앞에는 불우한 환경에서 자란 아이들, 특히 부모에게서 폭력을 당하거나 부모의 이혼으로 갈 곳을 잃은 아이들이 수녀님과 함께 살며 아픈 상처를 치유하고 건강하게 자랄 수 있도록 이끌어 주는 공동체가 있었습니다. 그 공동체에 살던 아이가 교리실에서 "하느님께서는 사랑의 아버지"라는 소리를 듣고 자신의 아픈 기억 때문에 격렬한 분노를 쏟아 낸 것이었습니다.

예수님께서는 제자들에게 주님의 기도를 가르쳐 주면서 우리의 '아버지'에게 기도하라고 말씀하셨습니다. 하느님께서는 우리를 사랑하시어 당신 자녀로 삼으셨기 때문에, 우리는 하느님을 '아빠, 아버지'라고 부를 수 있게 되었습니다. 하지만 부모에게 학대받거나 버림받았던 부정적인 기억이 우리 안에서 자애로운 아버지라는 하느님의 모습을 흐려 놓을 수도 있습니다. 분명한 사실은 하늘에 계신 우리 아버지께서는 우리의 부모님과는 다른 분이시라는 것입니다. 왜냐하면 "내 아버지와 어머니가 나를 버릴지라도 주님께서는 나를 받아 주시리라."(시편 27,10)라는 시편의 기도처럼 하느님께서는 우리에 대한 사랑에 언제나 성실하시기 때문입니다.

그런데도 저는 그 아이에게 어떠한 말도 할 수 없었습니다. 분명 저는 하느님께서 저를 얼마나 사랑하시는지 제게 보내 주신 사람들을 통해 간접적으로나마 체험할 수 있었지만, 그 아이는 그런 사랑의 체험 이전에, 너무나도 큰 상처 때문에 하느님의 사랑을 받아들일 힘이 없었습니다. 아이에게 하느님의 사랑을 제대로 표현하지도 못하는 나약한 제 모습이 너무 부끄러웠고, 제 자신이 무력해 보였습니다. 그제야 저는 하느님께 진심으로 기도했습니다. "주님, 저는 못하겠어요. 제가 무엇을 어떻게 해야 하는지 알려 주세요." 그러다가 문득 다음 묵상에 이르렀습니다. '난 진정 하느님을 자애로운 아버지로 믿고 이 기도를 바치고 있는가? 만약 그런 아버지라면, 내가 할 수 있는 것은 포기하지 말고 끊임없이 아버지의 자애로운 모습을 보여 줘야 하는 것 아닌가?'

그 이후 첫영성체 교리 시간에 그 아이를 바라보는 것이 정말 힘들었지만, 그때마다 기도하며 아이에게 다가갔습니다. 그 아이가 저를 거부하고 밀어내도 늘 웃으며 친절하게 대하려고 노력했습니다. 그리고 기도했습니다. "하늘에 계신 우리 아버지, 이 아이도 당신의 자애로움을 느끼고 깨닫도록 도와주십시오."

우리 모두 하느님을 아버지라 고백하며 그분과 더욱 친밀한 사랑의 관계를 만들어 가기를 기도합니다. 우리는 어떤 마음으로 '주님의 기도'를 바치며 하느님을 '아빠, 아버지'라 부르고 있나요?

어느 자매님의 고백

 매서운 추위가 어깨를 움츠리게 만드는 겨울의 어느 날, 새벽 미사를 봉헌한 후, 신자들과 인사를 나눈 저는 사제관에 들어가 따뜻한 침대에 몸을 녹이기 위해 발걸음을 재촉했습니다. 그런데 성전에 매일미사 책과 성무일도서를 놓고 온 것을 깨닫고 다시 성전으로 올라갔지요. 신자들로 북적이던 성전은 어느새 엄마 품에 안겨 있는 아이처럼 평온함으로 가득 차 있었습니다. 비록 코를 통해 들어오는 겨울의 찬 공기가 온몸에 전율을 일으켰지만 잠시나마 차분하게 앉아 성체 안에 숨어 계신 주님을 바라보는 데 전혀 방해되지 않았습니다. 그렇게 얼마나 지났을까요? 어떤 자매님이 제 뒤에서 조심스레 저를 불렀습니다. "신부님, 고해성사를 볼 수 있을까요?"

그 자매님이 고백한 이야기는 정확하게 기억이 나지 않지만, 눈물을 흘리며 고해성사를 청했던 이유는 분명히 기억이 납니다. 미사 때 영성체를 한 후, 자리에 앉아 있는데 하염없이 눈물이 났다는 것입니다. 그리고 처음 제대로 예수님을 만난 것 같다고, 진짜로 예수님께서 자신에게 오셨고 또 그분의 큰 사랑을 느꼈다고 말해 주었습니다. 그분의 사랑이 너무나 강렬해서 그동안 자신이 하느님을 원망하고 사랑하지 못했던 많은 것들이 떠올라 고해성사를 보지 않으면 안 될 것 같아 용기를 내어 성사를 청했다는 말도 덧붙여 주었습니다.

'전례의 본질적인 요소'는 무엇일까요? 이를 더 구체적으로 알아보기 위해 먼저 전례가 무엇인지 살펴보는 것이 좋을 것 같습니다. 시대에 따라 또 신학적 관점에 따라 전례에 대한 정의를 내리는 것이 조금씩 다르기는 하지만, 제2차 바티칸 공의회 전례 헌장은 전례가 "예수 그리스도의 사제직을 수행하는 것"이라 정의합니다. 물론 전례가 세례받은 하느님의 백성이 바치는 공적인 예배요, 감사와 기억의 제사라고도 정의할 수 있지만, 전례란 무엇보다 예수 그리스도께서 이루신 당신 사제직을 수행하는 것이 전례의 본질이라 생각됩니다.

그런데 왜 교회는 예수님을 사제라고 고백하는 것일까요? 사실 이스라엘 백성 가운데 하느님께 제사를 바치는 사제들은 레위 지파에 속한 사람들이었습니다. 예수님께서는 다윗 가문의 후손인 유다 지파에 속해 있었기에 사제도 아니셨고 당연히 공적으로 제사를 바치는 직무를 수행하지도 않으셨습니다. 그런데 왜 교회는 전례를 예수 그리스도의 사제직의 수행이라고 고백할까요? 여기서 잠깐 구약에 나타나는 제사의 의미를 살펴봅시다. 구약의 사제들의 경우, 하느님께서 이스라엘 백성을 이집트에서 구원하신 파스카 사건에 뿌리를 두고 율법에 따라 하느님께 제사를 바쳤습니다. 사람들은 율법의 규정에 따라 제사에 필요한 제물을 사제에게 가져와 그 제물을 하느님께 번제물로 바침으로써 인간을 구원하시는 하느님의 자비와 은총을 청하고 또 체험했습니다. 사제직이란 이처럼 하느님과 인간을 이어 주고 만나도록 이끄는 직무입니다.

예수님께서는 당신의 전 생애를 통해 하느님과 인간을 온전히 화해시켜 주셨습니다. 최후의 만찬과 십자가의 희생 제사, 그리고 부활이라는 놀라운 사건을 통해 당신 자신을 제물로 내어놓고 완전하고 유일한 제사를 바치신 예수님을 우리는 대사제라고 고백하는 것입니다. 예수님의 죽음과 부활은 하느님과 인간을 이어 주는 가장 완벽한 제사입니다. 그러기에 전례의 본질적인 요소는 바로 예수님께서 이루신 수난과 죽음, 부활에 대한 기념인 것이지요.

  앞서 자매님의 이야기를 떠올려 볼까요? 우리가 전례 안에서 추구해야 하는 것은 예수 그리스도를 통해 하느님을 만나는 것입니다. 이 만남이 가능한 것은 우리를 위해 희생되신 예수 그리스도의 죽음과 부활이 있었기 때문입니다. 우리가 이 본질, 즉 그리스도와의 친교를 잊지 않고 온전히 전례에 참례한다면 자매님처럼 성체 안에 숨어 계신 예수님을 깊이 체험할 수 있습니다. 왜냐하면 하느님께서 당신 아드님을 통해 전례 안에서 언제나 우리를 만나러 오시기 때문입니다.

왜 성인들에게 기도하는 것인가요?

첫 본당에 있을 때, 전 청년회장의 어머니가 갑작스럽게 세상을 떠난 일이 있었습니다. 평소에 열심히 신앙생활을 했던 자매님이기에 많은 신자들이 슬픔에 잠겼고 자매님의 영혼을 위해 기도로 함께해 주었습니다. 물론 당시 활동하던 청년들도 빈소를 찾았습니다. 그중 제가 아끼는 예비 신자 청년도 있었지요. 훗날 알게 되었지만, 신자들이 '연도煉禱'라고 불리는 위령 기도를 바치는 모습을 보고 그 청년은 깊은 감명을 받았다고 합니다. 신앙을 갖는다는 것은 단지 이 세상에서의 행복과 평화만이 아니라 '저 너머'에 더 큰 행복을 희망한다는 것을 몸으로 체험했다고 제게 말해 주었지요. 청년은 제게 물었습니다. "신부님, 연도 내용을 잘 들어 보니까 하느님께 기도하는 것은 이해가 가는데 왜 성인들에게 기도하는 건가요?" 예비 신자라면 당연히 갖게 될 의문점을 놓치지 않고 물어 주어 내심 기뻤습니다. 하지만 어디서부터 어떻게 설명해야 할지 몰라 잠시 당황하다가 이렇게 설명해 주었습니다.

"우리가 믿는 하느님은 단순히 살아 있는 이들만을 위한 하느님이 아니야. 세례성사를 통해 당신의 자녀가 되고 예수님의 몸과 피를 받아 모신 모든 이, 다시 말해 이 세상을 살아가는 그리스도인들뿐 아니라 세상을 떠난 신자들 모두의 하느님이 바로 우리가 믿는 하느님이시지. 이 믿음을 기초로 그리스도교 신자들은 하느님과 연결된 모든 형제자매가 하느님의 거룩함을 서로 나눌 수 있음을 깨닫게 된 거야. 혹시 예수님께서 말씀하신 '포도나무의 비유' 기억나니? 예수님은 포도나무이시고 우리 각각은 그분 몸에 결합되어 있는 '가지'라는 비유 말씀인데, 이는 우리가 예수님을 중심으로 모두 하나로 연결되어 있음을 알려 주시는 거야. 이걸 조금 어려운 말로 '성인들의 통공通功'이라고 해."

세례를 받고 그리스도를 머리로 하여 한 몸을 이루는 신자들은 죽음을 뛰어넘어 서로를 도울 수 있습니다. 특히 이미 하느님 곁에 계시는 성인들에게 우리는 '전구轉求'할 수 있습니다. 전구 기도의 전형적인 모습이 '성인 호칭 기도'입니다. 위령 기도를 바칠 때, 주송자가 "성 베드로, 성 바르톨로메오"라고 기도를 이끌면 신자들이 어떻게 응답하는지 기억하나요? 하느님께 바치는 기도라면, "저희를 구원하소서.", "저희에게 자비를 베푸소서."라고 응답하지만, 성인들에게 바치는 기도는 "저희를 위하여 빌어 주소서."라고 응답합니다. 이처럼 전구란 그리스도를 통해 결합되어 있는 성인들에게 우리가 바라는 바를 하느님께 기도해 달라고 청하는 기도입니다.

여기서 잊지 말아야 교회의 아름다운 전통이 있습니다. 정화의 과정에 있는 연옥 영혼들이 하루빨리 천국의 기쁨을 누릴 수 있도록 기도와 선행 등의 공로를 통해 그들을 도울 수 있고 또 도와야 합니다. 그래서 식사 후 기도에 "세상을 떠난 모든 이가 하느님의 자비하심으로 평화의 안식을 얻게 하소서."라고 기도하는 것입니다. 이처럼 산 이든 죽은 이든, 하느님의 자녀 모두 그리스도를 통하여 결합되어 있음을 믿음으로 표현한 것이 '성인들의 통공'임을 기억했으면 좋겠습니다. 그리고 우리보다 세상을 먼저 떠난 이들을 위해 성인들에게 전구를 바치며 기도하는 시간을 가져 보길 바랍니다.

당신이 할 수 있는 일은 하고,

당신이 할 수 없는 일은 기도로 청하십시오.

그러면 그 일을 할 수 있도록 하느님께서 도우실 것입니다.

— 아우구스티노 성인

하느님께서 보내 주신 수호천사, 어머니

　　심순덕 시인의 〈엄마는 그래도 되는 줄 알았습니다〉라는 시를 읽으며 어머니의 사랑을 다시금 떠올리게 되었습니다. 어릴 때 공놀이를 하다가 이웃집 유리창을 깰 때, 저를 대신해서 고개 숙이며 용서를 청하시던 어머니. 학교 친구들과 싸우다 심하게 몸을 다쳤을 때, 아무 말 없이 상처를 닦아 주시던 어머니. 신학교에 입학했을 때, 수단을 처음으로 입게 되었을 때, 그리고 사제가 되어 첫 미사를 봉헌했을 때도 언제나 곁에서 따뜻하게 안아 주시며 용기를 북돋아 주신 어머니. 어머니는 그렇게 언제나 제 곁에서 머무르시면서 제가 돌아와 쉴 수 있는 마음의 고향과도 같았습니다. 누군가 '엄마는 하느님께서 보내 주신 날개 없는 천사'라고 고백했듯 제게 어머니는 하느님께서 보내 주신 수호천사였습니다.

예수님께서는 우리에게 당신의 어머니를 맡기셨습니다. 아니, 어머니에게 당신의 교회를 맡기셨습니다. 십자가 위에서 숨을 거두시기 전, 예수님께서는 당신의 사랑하는 제자에게 말씀하셨지요. "이 분이 네 어머니시다."(요한 19,27) 예수님의 말씀에 따라 그때부터 그 제자는 성모님을 자기 집에 모셨다고 성경에서는 증언합니다. 초 세기 신자들은 예수님의 이 말씀을 단순히 홀로 남은 어머니의 삶이 걱정되어 누군가에게 도움을 청한 것으로 여기지 않았습니다. 오히려 교회의 모든 신자 가운데 당신의 어머니를 그들의 어머니로 모시며 살라는 뜻으로 받아들였습니다. 그래서 교회는 예수님께서 성모님에게 교회 전체를 맡기셨음을 믿음으로 고백합니다.

실제로 성모님은 모든 그리스도인에게 참된 신앙의 모범을 보여 주셨습니다. 성령으로 예수님을 잉태했을 때에도, 갓 태어난 예수님을 가냘픈 두 팔에 받아 안을 때에도, 예수님을 품에 안고 이집트로 피신을 떠나야 했을 때도 성모님은 그렇게 예수님을 당신 안에 온전히 품으셨습니다. 예수님의 유년 시절에도, 공생활을 통해 하느님 나라의 기쁜 소식을 선포하던 때도 성모님은 언제나 예수님과 일치하셨습니다. 그리고 마지막 수난의 길에서 성모님은 당신 외아드님과 함께 극도의 고통을 겪으며 예수님의 십자가 희생에 당신을 결합하셨습니다. 예수님께서 성모님을 우리의 어머니로 보내셨다는 것은 큰 축복입니다. 교회 안에 참으로 예수님과 일치하고 계신 성모님을 어머니로 모심으로써 그분을 우리 신앙의 모범으로 삼을 수 있고, 또 우리와 함께, 때로는 우리를 대신하여 하느님께 기도해 달라고 부탁드릴 수 있기 때문입니다.

성경에서 증언하는 성모님의 모습에서 우리는 당신 아드님 곁에서 우리를 위해 기도하시는 성모님의 사랑을 묵상할 수 있습니다. 우리의 어머니 성모님은 우리 모두 예수님을 통해 참다운 행복을 누리길 기도하시며 언제나 교회 안에 또 우리 곁에 머물러 계심을 언제나 기억했으면 좋겠습니다.

우리는 성모님을 진정 친밀하고 따뜻한 어머니로 느끼고 있나요? 성모님께 어떤 도움을 청하고 그분의 어떤 모습을 신앙의 모범으로 삼고 있나요?

어머니의 따뜻한 품속

　공부에는 별 관심이 없던 고등학교 시절의 끝자락에 인생의 첫 관문이라 할 수 있는 수학 능력 시험을 치르게 되었습니다. 물론 제대로 노력하지 않아 좋은 결과를 기대할 수 없었지만, 내심 '제발 찍은 것 다 맞게 해 주세요.'라고 기도하면서 성적이 잘 나올 것이라는 헛된 기대를 하게 되었습니다. 그러나 학교에서 받아 든 제 성적표에는 가채점했던 것보다 더 낮은 점수가 적혀 있었고 초라한 성적 앞에 생각지도 못한 자괴감이 밀려들었습니다. 성적표를 들고 집에 오는 길은 너무나도 짧게만 느껴졌습니다.

　집에 도착한 저는 고개를 푹 숙인 채 방으로 들어갔습니다. 그리고 주체할 수 없는 눈물 때문에 행여 소리가 밖으로 새어

나갈까 두려워 이불을 뒤집어쓰고 서럽게 울었습니다. 얼마 후, 어머니가 조용히 제 방문을 열고 들어오셨습니다. 부끄러움, 심지어 죄스러움까지 느낀 저는 어머니의 눈을 마주칠 수 없어 계속 바닥만 응시하고 있었습니다. 그때 어머니는 아무 말 없이 축 처진 제 어깨를 감싸 안아 주셨습니다. 어머니는 한참을 저를 안아 주신 후 조용히 방을 나가셨습니다. 저는 또 울었습니다. 어머니는 아무런 말씀을 하지 않으셨지만 온 마음과 온몸으로 당신 사랑을 표현해 주셨습니다. 어머니의 따뜻한 품속에서 어머니는 침묵으로 제게 "괜찮아."라고 말씀해 주셨던 것입니다.

전례에 표징과 상징이 많은 이유는 무엇일까요? 하느님께서는 당신 생명에 인간을 참여시키시고자 당신의 사랑을 인간에게 드러내 보여 주셨는데, 이때 인간이 보고 느낄 수 있는 방법을 사용하십니다. 우리와 같은 인간으로 이 세상에 오신 예수님이 바로 하느님께서 우리를 얼마나 사랑하시는지 보여 주는 가장 큰 표징이지요. 하느님께서는 아드님을 통해 당신 자신이 우리 가운데 사시며 활동하고 계심을 보여 주고자 표징을 이용하시고 교회는 전례 안에서 이 표징을 통해 하느님의 놀라운 은총을 전해 주고 있습니다. 예를 들어, 하느님의 영적인 은총을 드러내 보이고자 물과 기름, 빵과 포도주와 같은 물질적 도구와 행위를 활용하는 것입니다.

전통적으로 교회가 세례성사를 베풀 때 사용하는 '물'은 모든 죄를 씻고 그리스도 안에서 새롭게 태어날 수 있는 은총을 드러내며 세례와 견진성사, 그리고 병자성사 때 받게 되는 '기름'은 영적인 힘의 원천인 성령의 특별한 은총의 선물과 축복을 드러냅니다. 이런 하느님의 놀라운 사랑에 우리도 다양한 표징으로 응답합니다. 무릎을 꿇어 경배하거나 복음을 들을 때 일어서는 행위, 고개를 숙이는 절과 합장한 손 등이 그 예입니다.

사랑하는 어머니가 아무 말 없이 저를 꼭 안아 주셨을 때 제가 어머니의 사랑을 온전히 느낄 수 있었던 것처럼, 하느님께서도 전례의 다양한 표징을 통해 우리에게 당신의 보이지 않는 사랑을 표현하고 계십니다. 우리는 전례 안에서 하느님의 놀라운 사랑을 어떻게 느끼고 있나요? 또 그 사랑에 어떻게 응답하고 있나요?

내 세례명은 '요셉'

저는 유아 세례 때 받은 제 세례명이 참 싫었습니다. '그레고리오'나 '프란치스코'처럼 멋진 세례명도 있는데 왜 하필 '요셉'으로 세례명을 정해 주셨는지, 부모님을 원망했던 적도 있었습니다. 그런데 신학생이 된 후, 요셉 성인이 얼마나 훌륭한지 조금씩 알게 되면서 저에게 요셉이라는 세례명을 지어 주신 하느님께, 또 부모님에게 감사드릴 수 있었습니다.

성경에서 알려 주는 요셉은 온전히 하느님께 순명하는 사람이었습니다. 결혼을 약속한 마리아가 자기도 모르는 사이에 임신한 소식을 듣고 충격에 빠지거나 화를 낼 법도 한데, 오히려 마리아의 일을 드러내고 싶지 않아 남모르게 파혼하기로 작정했다고 성경에서는 이야기합니다. 이런 요셉에게 천사가 나타나 마리아가 잉태한 아이는 바로 성령으로 말미암은 것이며 하느님 백성을 죄에서 구원할 것이라는 조금은 황당한 이야기를 전해 줄 때도 요셉은 하느님께 순명하며 그 모든 것을 받아들였습니다. 이런 요셉을 성경에서는 "의로운 사람"(마태 1,19)이라고 표현합니다. 여기서 의로움이란 사회적, 경제적으로 올바른 상태를 추구하는 가치인 정의를 뜻하기보다 하느님과의 관계에서 올바르게 살아가는, 다시 말해 하느님 안에서, 하느님과 함께 살아가는 사람에게 주어지는 성경적 표현이라는 것을 나중에서야 알게 되었지요.

이런 요셉 성인을 묵상하다 보니 왜 하느님께서 제게 요셉 성인을 수호성인으로 마련해 주셨는지 깨닫게 되었고 또 요셉 성인을 닮아 하느님 안에서 의로운 사람이 되고자 하는 갈망을 품게 되었습니다. 지금은 요셉 성인이 너무나 좋습니다. 여러분은 유아 세례 혹은 어른이 되어 세례성사를 받으며 얻게 된 세례명, 여러분의 수호성인을 사랑하나요?

우리는 왜 성인들의 이름으로 세례명을 선택하는 것일까요? 신앙인으로 살아가면서 성인들보다 더 훌륭한 본보기와 조력자는 없기 때문입니다. 나를 수호하는 분이 성인이라는 것은 나에게 하느님과 가까운 친구가 있음을 의미합니다. 우리는 세례성사를 통해 성인들의 이름을 받아 신앙인으로 살아갈 삶 전체를 통해 성인을 수호성인으로 공경하고 그 성인의 보호를 받게 됩니다. 성인들의 통공이라는 믿음 아래 천상에서 우리를 위해 전구하는 성인을 조력자로 얻는다는 것은 참으로 기쁜 일입니다. 그리고 단지 나를 위해 하느님께 기도해 주시는 도움을 넘어서 성인이 살아간 삶의 모습을 묵상하며 신앙의 여정을 살아갈 수 있는 것 역시 큰 기쁨이 됩니다.

사실 역사적으로 언제부터 세례성사를 베풀면서 세례명을 부여했는지 그 기원을 정확하게 밝히기는 쉽지 않습니다. 그럼에도 초 세기부터 성경에 나오는 이름이나 성인들과 순교자들의 이름을 붙이며 세례를 주었던 기록이 남아 있는 것으로 보아 세례명은 오랜 교회의 전통임을 알 수 있습니다. 후에 그리스도교가 로마의 국교로 자리 잡으면서 세례명은 아예 신자들의 이름이 되었습니다. 4세기의 요한 크리소스토모 성인과 암브로시오 성인은 신자들이 자녀들의 이름을 아무렇게나 짓는 것을 꾸짖으면서 덕이 높고 하느님을 충실하게 신뢰하여 교회에서 공경을 받는 성인들의 이름을 따서 짓도록 가르쳤다고 합니다. 그 이후 성경에 나오는 이들, 교회

내 모범적인 삶을 살았던 성인들뿐만 아니라 신앙의 의미를 담고 있는 여러 이름을 사용하기 시작했지요. 예를 들어 아나스타시오(부활), 아타나시오(불멸), 살루시아(구원)와 같은 구원의 놀라운 신비를 드러내는 교리나 이레네(평화), 그라시아(은총)와 같이 그리스도교의 덕德을 딴 이름도 있었습니다.

그러므로 세례명이 무엇이든, 성인이든 그리스도교의 덕을 의미하든, 평생 성인의 삶을 본받거나 또 그리스도교적인 이상을 실천하며 살도록 이끌어 주는 것이 세례명임을 기억해야겠습니다. 특히 나를 위해 기도해 주고 또 모범이 되어 주는 수호성인이 어떠한 삶을 살았는지 알아보고 자신의 세례명을 더욱 사랑할 수 있으면 좋겠습니다.

깨끗이 치운 책상 위
성모상과 묵주

초등학교 시절, 무슨 일 때문이었는지 정확하게 기억이 나지는 않지만, 본당 신부님이 저희 집을 몇 번 방문했던 적이 있습니다. 아마도 구역 모임이나 반 모임에 신자들과 함께 기도하기 위해서였던 것 같습니다. 여하튼 신부님이 집에 오는 날이면 아버지부터 어머니, 형 모두 손님맞이로 정신이 없었습니다. 저 역시 신부님이 온다니까 평소에는 지저분하게 두었던 책상을 치우고 마치 열심히 기도하는 것처럼 보이려고 작은 성모상과 묵주를 책상 위에 올려놓았습니다. 그날 집을 방문한 신부님이 제 책상을 보고 대견해하며 성수를 뿌려 주고 기도해 주었던 기억이 납니다. 그 기억 때문인지 사제가 되어 본당에 발령을 받고 저 역시 초등부 아이들 집을 방문하여 성수를 뿌려 주고 기도했습니다. 아무튼 신부님이 온다는 생각에 깨끗하게 방을 치웠던 제 모습을 떠올려 본다면, 미사 때마다 제 안에 오시는 예수님을 모시기 위해 더 많은 준비를 해야 하는데, 그러지 못하는 모습에 반성하게 됩니다.

우리 안에 빵의 형상으로 오시는 예수님을 맞이하기 위해 어떠한 준비를 해야 할까요? 먼저 성체를 받아 모실 자격은 가톨릭 신자에게만 주어집니다. 사제에 의해 축성된 빵이 예수님이심을 믿음으로 고백하는 신자만 성체를 영할 수 있기 때문이지요. 간혹 혼인 미사나 장례 미사 때, 신자가 아닌 사람들이 미사에 참례할 때가 있지만, 신자가 아닌 사람들은 결코 성체를 받아 모실 수 없습니다. 둘째로, 중대한 죄를 지은 경우에는 고해성사를 통해 죄를 용서받고 성체를 모셔야 합니다. 이는 앞서 본당 신부님이 저희 집을 방문했을 때, 깨끗하게 집을 치우고 준비했던 제 가족의 모습과 비슷합니다. 성체를 모신다는 것은 예수님과 깊은 친교를 이루는 만남을 뜻합니다. 이 만남을 위해 우리 마음에 자리 잡은 욕심과 질투, 미움과 분노를 깨끗하게 치워야 합니다. 더욱이 죄로 인해 예수님의 마음을 아프게 했다면, 그 죄에 대하여 용서를 받고 합당한 보속을 실천한 후 주님을 만나는 것이 필요합니다. 그래야 그분께서 주시고자 하는 깊은 사랑을 깨달을 수 있기 때문입니다.

외적인 준비도 필요합니다. 교회는 적어도 미사 한 시간 전부터는 아무것도 먹지 않는 '공복재空腹齋'를 지킬 것을 권고합니다. 이 공복재는 성체에 대한 공경에서 비롯된 것인데 초세기 그리스도교에서부터 지켜 온 오랜 관습입니다. 그런데 여기서 말하는 공복재는 단순히 배를 비움으로써 일종의 단식의 재齋를 지키는 준비만을 뜻하지 않습니다. 마음을 비우고 깨끗한 모습으로 주님을 맞이한다는 내적인 준비도 포함합니다. 그래서 공복재를 '공심재公心齋'라고 부르기도 합니다.

어릴 적, 주일 미사를 가기 전날이면 정성스럽게 헌금을 다리미로 다린 후 봉투에 넣고 또 양복을 미리 꺼내 손질하시던 아버지가 떠오릅니다. 그만큼 예수님을 만나는 일에 정성을 다하고 충실히 준비하셨던 것이지요. 아버지를 떠올리면 과연 저는 얼마나 성체를 모시는 일에 최선을 다하고 있는지 되돌아보게 됩니다. 우리는 성체 안에 계신 예수님을 만나기 위해 어떤 마음과 어떤 모습으로 준비하고 있나요?

오빠, 학사님, 부제님, 신!부!님!

예전에 사제품을 받을 때 일입니다. 어렸을 때부터 성당에서 함께 활동했던 동생이 축하 인사와 함께 답답함을 토로한 적이 있습니다. "주일학교에 같이 다닐 때는 그냥 '오빠'라고 부르면 그만이었는데, 어느 날 보니 신학교에 입학해서 '학사님'이라 불러야 했고, 학사님이란 말이 입에 익으니 곧 '부제님', 그리고 이제는 또 바뀌어서 '신부님'이라 불러야겠네요. 그래도 이제는 신부님이라고만 부르면 되니까 다행이에요. 축하해요. 신! 부! 님!"

우리 교회 내에는 다양한 호칭이 있습니다. 신부님, 수녀님, 수사님, 주교님, 부제님, 학사님, 교황님, 대주교님, 추기

경님……. 이 모든 호칭은 교회 안에서 수행하는 직무에 따라 달라집니다.

교회를 구성하는 이들은 크게 평신도와 성직자로 구분됩니다. 먼저 평신도는 세상 안에서 세상일을 통하여 하느님 나라와 그 복음을 선포하는 고유한 사명을 수행합니다. 즉 자기 삶의 자리인 직장, 학교, 가정 등에서 세상의 빛과 소금이 되어 그리스도를 증언할 사명을 수행합니다. 또한 하느님의 사랑과 자비를 증거하는 교회 공동체 안에서 다양한 모습으로 봉사직을 수행합니다. 예를 들어, 사목회장, 구역장, 사목회 위원들은 본당에서 신자 공동체를 위하여 봉사하지요. 또 어떤 이는 미사 해설자로, 어떤 이는 성가대로, 어떤 이는 주일학교 교리 교사로, 또 어떤 이는 지역 내 가난하고 어려운 이웃들을 돌보며 자신의 사명을 수행합니다.

그다음 하느님과 세상을 위하여 특별히 성품성사로 축성된 성직자들이 있습니다. 성직자는 하느님 백성을 가르치고 그들을 거룩함으로 이끌며 공동체의 일치와 평화를 위해 헌신하도록 공동체 구성원 가운데 하느님으로부터 부르심을 받은 이들입니다. 일반적으로 성직자는 예수님의 제자 가운데 대표였던 베드로 사도의 후계자인 교황, 사도들의 후계자인 주교, 주교의 협력자인 신부와 부제가 있습니다. 우리가 알고 있는 추기경은 교회의 고위 성직자로 교황의 선거권을 가지고 있습니다.

또한 평신도, 성직자들 가운데 복음의 가르침에 따라 평생을 청빈하게 살며 하느님 나라를 위해 정결을 지키고 그리스도와 교회에 순명할 것을 서원하는 이들이 있습니다. 우리가 일반적으로 '수녀님', '수사님'이라고 부르는 수도자들이 여기에 해당합니다.

중요한 것은 교회의 구성원들이 각기 다른 직무를 수행하지만 하느님의 자녀로 똑같은 품위를 지녔고 그리스도 안에 일치를 이루고 있다는 사실입니다. 우리는 모두 그리스도인으로 하나의 궁극 목적인 온 세상에 하느님의 기쁜 소식을 전하는 이들임을 잊지 말아야 할 것입니다.

우리는 각자가 받은 부르심에 어떠한 모습으로 응답하며 살아가고 있나요? 하느님의 자녀로 살아가면서 하느님 나라를 선포하고 건설하기 위해 어떤 노력을 기울이고 있나요?

사제가 되면 고해성사 내용을
잊게 해 주십시오

사제품을 받기 전, 인간적인 두려움으로 주저했던 적이 있습니다. '과연 내가 이 고귀한 사제직을 받을 자격이 있을까? 나에게 맡겨질 양들을 목숨까지 내어 바치며 충실히 사랑할 수 있을까?' 이런 걱정을 하던 중, 선배 한 분이 사제 서품식 때 엎드려 성인 호칭 기도를 드리며 온 교회가 함께 기도할 때, 저의 걱정을 하느님께 맡기고 기도하라는 조언을 해 주었습니다. 그 말을 믿고 저는 서품 예식 중 제대 앞에 엎드려 기도했습니다. "주님, 당신의 사제로 충실히 살 것을 약속합니다. 하지만, 저의 인간적인 나약함이 너무 큽니다. 특별히 고해성사 때, 신자들이 저에게 죄를 고백하면 그 고백한 죄들이 기억 속에 남아 신자들을 사랑으로 대하지 못할 것 같아 두렵습니다. 그러니 부탁드립니다. 제가 사제가 되어 고해성사를 통해 듣게 된 모든 내용을 바로 그 자리에서 잊어버릴 수 있는 은총을 허락해 주십시오."

자, 사제품을 받고 어떤 일이 일어났을까요? 마법처럼 제 기도가 이루어져 어떠한 고해 내용도 기억나지 않았다면 좋았겠지요. 하지만 제 기도와는 달리 신자들의 고해 내용은, 전부는 아니지만, 머릿속에 그대로 남아 있었습니다. 그래도 하느님께서는 당신이 맡기신 양들을 더욱 사랑할 수 있는 은총을 허락하셔서, 신자들의 죄보다 당신께서 베푸시는 용서와 사랑이 더 크다는 것을 깨달을 수 있었습니다. 그래서 고해성사를 집전할 때 신자들이 지은 죄보다 그들이 겪는 아픔, 고통 그리고 주님을 더 사랑하고자 하는 열정을 바라볼 수 있는 마음의 눈을 선물로 받았음을 깨닫게 되었습니다.

사제 서품을 통해 무슨 일이 일어날까요? 예식 가운데 핵심이라 할 수 있는 안수 예식을 통해 주교는 서품 후보자에게 하느님의 능력이 내리기를 기도합니다. 여기서 말하는 '하느님의 능력'이란 결코 마법적인 힘을 의미하지 않습니다. 하느님께서 맡기신 신자들을 돌보고 그들에게 예수 그리스도를 통해 드러난 구원의 진리를 가르치며 그들을 거룩하게 할 수 있는 능력을 말하는 것입니다. 사제는 하느님의 말씀을 선포하고 성사를 집전하며 무엇보다 공동체를 위해, 공동체 안에서 미사를 거행합니다. 이 능력을 '하느님의 능력'이라고 분명하게 밝히는 것은 사제는 자신의 능력이 아닌 하느님께서 주시는 은총으로 사제 직무를 수행한다는 것을 뜻합니다.

인간적으로 특출하다면 성무를 수행하는 데 분명 도움이 되겠지만, 무엇보다 사제 직무는 하느님의 능력으로 이루어진다는 사실이 중요합니다. 예수님께서는 당신의 제자들을 오늘날 기업에서 하는 방식으로 뽑지 않으셨습니다. 그분의 제자들은 배움이 낮았던 어부들이 대부분이었고 죄인이라 취급받던 세리까지 껴 있었습니다. 즉 사제는 자신의 능력으로 사제 직무에 필요한 자격증을 취득하여 신부가 되는 것이 아닙니다. "나를 따라라."라고 하신 주님 말씀에 순종하여 자신의 삶을 하느님께 의탁하겠다는 결심과 그에 따른 응답으로 교회와 세상을 위해 자신의 모든 것을 바치는 이들이 곧 사제입니다. 그래서 성품성사를 통해 주어지는 가장 큰 은총은 하느님께서 자신을 부르셨다는 투철한 소명 의식이자, 자신의 양들을 위해 목숨을 바칠 정도로 신자들을 사랑하는 뜨거운 마음입니다.

  분명 사제품을 받은 후에도 사제가 되기 전 인간적인 모습은 그대로 남아 있습니다. 베드로 사도도, 유다 이스카리옷도 제자로 부르심을 받았지만 자신의 나약함에 주님을 배반했습니다. 하지만 주님의 더 크신 자비를 믿고 다시 일어서 주님의 사도로서 목숨을 바쳤던 베드로 사도처럼 사제들은 살아가야 합니다. 그래서 온 교회는 사제들이 주님을 닮은 착한 목자가 되도록 끊임없이 기도하는 것입니다. 신부님들이 세상의 모든 유혹을 물리치고 착한 목자가 될 수 있도록, 작지만 큰 화살기도를 날려 보면 어떨까요?

왜 하필
가톨릭 집안에서 태어나서……

"부모님 모두 독실한 신자여서 어쩔 수 없이 어릴 때 세례 받았어요. 왜 제 허락도 안 받고 덥석 유아 세례를 받게 했는지……. 그래서 전 결혼하면 절대 제 아이들이 유아 세례를 받게 하지 않을 거예요." 이렇게 생각하는 신자들이 꽤 있을 것입니다. 저 역시 어릴 적에는 "왜 하필 가톨릭 집안에서 태어나서…… 어휴." 이런 생각을 많이 했었지요. 그런데 정말 교회가 베풀고 있는 유아 세례는 아이들의 자유를 억압하는 것이며 우리 시대에는 불필요한 것일까요?

교회가 유아 세례를 베푸는 이유로 두 가지를 들 수 있습니다. 첫 번째, 하느님의 보편적인 구원 의지 때문입니다. 하느님께서는 모든 이를 구원하시기 위하여 당신 외아드님을 인간이 되게 하셨고 또 예수님께서는 아버지의 뜻에 따라 성부와 성자와 성령의 이름으로 사람들에게 세례를 베풀라고 사도들을 파견하셨습니다(마태 28장 참조). 그래서 세례를 베푸는 교회의 행위는 인간이 원해서 만든 예식이 아니라 하느님께서 원하신 구원 활동입니다. 세례는 은총이며, 우리를 조건 없이 받아들이시는 하느님으로부터 거저 받은 선물입니다. 이처럼 교회가 유아 세례를 베푸는 이유는 모든 이가 구원받기를 원하시는 하느님의 바람 때문입니다.

두 번째, 자녀에게 좋은 것을 주고 싶은 부모의 인간적인 원의를 실현하기 위해서입니다. 교회는 인간이 본래 하느님의 모상대로 창조되었지만 자유 의지의 남용으로 죄를 짓게 된 후부터 죄에 기울어지는 성향을 지니고 태어난다고 고백합니다. 바로 이 '원죄'로 인한 나약한 인간의 상태에서 해방시켜 하느님의 자녀로 태어나도록 이끌어 주는 성사가 '유아 세례'입니다. 이런 유아 세례의 가장 큰 특징은 아이가 아닌 부모와 후견인들, 즉 대부모와 교회 공동체의 신앙 고백을 통해 주어진다는 점입니다. 어떤 부모든 자신의 아이에게 필요한 것이라면 무엇이든 다 해 주고 싶을 것입니다. 신앙이 자신에게 얼마나 소중한지 잘 아는 부모라면 그 어떤 것보다 아이에게 신앙을 전해 주고자 할 것입니다.

부모는 아이가 원하는 대로만 아이를 키우지 않습니다. 아이가 학교에 가기 싫다고 학교에 보내지 않는다면, 아이가 맛이 없다는 이유로 자기 먹고 싶은 것만 먹게 놔둔다면 건강한 육체와 정신을 갖춘 아이로 성장할 수 있을까요? 그러기에 유아 세례는 부모가 소중한 신앙을 전해 주는 바람을 실현하는 것이기도 합니다.

유아 세례는 우리에게 어떤 의미를 지니고 있나요? 우리가 받은 소중한 신앙을 자녀들에게 어떻게 전하고 싶은가요?

신비롭게 연결되어 있는 인간의 몸처럼

얼마 전 허리를 삐끗해서 한의원에 침을 맞으러 갔습니다. 자주 맞던 침인데 그날따라 신기한 현상을 발견했습니다. 분명 허리가 아픈데 왜 손과 발에 침을 놓는 것일까요? 인간의 몸이란 참으로 오묘하고 신기하다는 생각을 하게 되었습니다. 그 후 잘 알고 지내는 신자 몇 분을 만나 점심을 함께할 시간을 갖게 되었습니다. 같은 구역 내 아픈 어르신들에 대한 걱정과 안타까움을 나누며 눈시울을 붉히는 자매님들을 바라보면서 이 또한 '놀랍다'는 느낌이 들었습니다. 생면부지인 사람들이지만 천주교 신자라는 이유로 서로 걱정해 주고 기도해 주는 모습을 보면서 마치 창조주가 인간의 몸을 신비롭게 연결을 시켜 놓은 것처럼 당신 자녀들 또한 신비롭게 하나가 되도록 만드셨다는 생각을 하게 되었습니다. 여기서 하느님의 자녀들인 우리가 서로 연결되어 있음을 표현하는 '그리스도의 몸'이라는 교회의 모습을 묵상해 볼 수 있습니다.

우리는 단순히 교회에 '가입'한 것이 아닙니다. 즉 학교 동아리에 가입하거나 회사에 입사하는 것과는 전혀 다릅니다. 동아리나 회사는 공동의 목적, 예를 들어 같은 관심사에 따라 또는 특정한 이윤을 얻기 위해 모인 곳입니다. 공동의 목적이 사라질 때 그 모임은 사라지고 말지요. 하지만 우리는 세례성사를 통해 하느님의 자녀가 되고 당신 아들 예수 그리스도와 결합하게 됩니다. 여기서 '결합'이라는 뜻은 우리 이성으로 이해할 수 있는 것보다 더 큰 개념입니다. 그분 안에 녹아들어 하나가 되는 놀라운 신비입니다. 그리고 우리는 세례성사를 통해 그리스도와 결합된 삶을 누리도록 '성체성사'를 통해 예수님을 받아 모시며 필요한 은총을 얻게 됩니다.

또한 우리는 세례를 받은 다른 하느님의 자녀들과 하나가 됩니다. 여기서 바로 교회 공동체를 '그리스도의 몸'이라 고백하는 바오로 사도의 놀라운 혜안慧眼이 드러납니다. 우리는 그리스도를 머리로 하여 하나입니다. 손과 발, 눈과 코 등 각기 지체들의 역할은 다양하지만 같은 세례를 받고 같은 그리스도의 몸을 받아 모시는 우리는 한 몸을 이루게 됩니다. 한 몸을 이룬다는 것은 허리가 아픈데 손과 발에 침을 맞는 것처럼, 피 한 방울 섞이지 않았음에도 함께 아파하고 눈물 흘리는 신자들처럼 서로서로 그리스도를 통하여 결합되어 있다는 것입니다. 그래서 바오로 사도가 이렇게 말한 것입니다. "한 지체가 고통을 겪으면 모든 지체가 함께 고통을 겪습니다. 한 지체가 영광을 받으면 모든 지체가 함께 기뻐합니다. 여러분은 그리스도의 몸이고 한 사람 한 사람이 그 지체입니다."(1코린 12,26-27)

우리가 몸담고 있는 본당 내에 세례받은 다른 이들과 한 형제자매라는 것을 믿고 또 그렇게 느끼고 있나요? 나아가 그들의 아픔이 나의 아픔이 되고 또 나의 기쁨을 다른 이들과 나누고자 하는 참된 그리스도 몸의 지체로 살아가고 있나요?

하느님께서는 교회를 바다에 있는 항구처럼 만드셔서,

여러분이 현세적 근심의 소용돌이에서 구원되고

평온과 고요를 찾을 수 있게 하셨습니다.

— 요한 크리소스토모 성인

혼인성사를 두 번 받을 수 있나요?

"신부님! 제가 아는 어떤 분이 신자인데도 혼인성사를 두 번 받더라고요! 이게 가능해요? 가톨릭에는 이혼이 없는 것 아닌가요?" 약간은 격앙된 목소리로 묻는 그 청년에게 저는 말했습니다. "두 번이나 받아서 좋겠네. 난 혼인성사를 받을 수조차 없는 사람인데……." 물론 제 대답은 실없는 농담이었습니다. 그렇다면 성사는 여러 번 받을 수 있는 것일까요? 일곱 성사 가운데 몇몇은 여러 번 받을 수 있지만, 성사의 특성상 일생에 단 한 번밖에 받을 수 없는 성사도 있습니다.

세례성사, 견진성사는 그리스도교 신자의 영혼에 인호印號를 새기기 때문에 일생에 단 한 번 받습니다. 여기서 '인호'란 그리스어로 '도장', '인장'이란 뜻으로 이해하면 되겠습니다. 구약의 창세기를 보면 카인이 동생 아벨을 죽이고 하느님께 벌을 받게 되어 세상을 떠돌아다닙니다. 하지만 하느님께서는 카인을 버리지 않으시고 오히려 그를 지켜 주고 보호해 주기 위해 '표'를 찍어 주셨다고 성경에서는 증언합니다. 즉 인호란 하느님께 속해 있음을 드러내는 표시이며 그분께서 우리를 보호해 주신다는 의미를 담는 것입니다. 마치 초등학교 때 학기 초가 되면 공책과 책에 '내 것'임을 표시하기 위해 이름을 적듯, 하느님께서는 '당신 것'임을 드러내기 위해 우리에게 인호를 새겨 주십니다.

눈에 보이지는 않지만 영혼에 새겨진 표시인 인호는 한 번 받게 되면 없어지지 않고 영원히 남게 됩니다. 그래서 세례성사와 견진성사는 두 번 받을 수 없는 것입니다. 세례와 견진 때 받은 은총은 결코 철회할 수 없는 것으로 계속 우리 안에 머물러 우리를 하느님의 자녀로 살도록 이끌어 줍니다. 간혹 세례를 받고 난 후 "난 더 이상 가톨릭 신자가 아니야!"라고 선언하며 신앙생활을 그만두는 사람들이 있습니다. 스스로는 신자가 아니라 생각할지 모르지만, 하느님께서는 결코 당신 자녀를 버리지 않으시고 그의 영혼에 새겨진 인호 또한 영원할 것이기에 교회의 눈에는 아직도 신자인 것입니다. 성품성사를 받은 사제 역시 인호를 받고 교회의 사람이 되는 것이기에 두 번 받을 수 없습니다. 간혹 "신부님이 은퇴하면 이제 신부님이 아니신가요?"라고 묻는 예비 신자들이 있는데, 단지 교회에서 맡은 소임을 내려놓는 것이지, 성사를 통해 하느님께서 부여하신 사제 직무는 죽는 그 순간까지 계속됩니다.

그렇다면 나머지 성사들은 어떨까요? 우리의 영적 성숙을 위해 고해성사와 성체성사는 자주 받을수록 좋습니다. 한국 천주교회에서는 신자들의 신앙을 위하여 1년에 적어도 한 번은 고해성사를 받고 영성체를 해야 한다고 규정하고 있습니다(《한국천주교사목지침서》 제90조 1항 참조). 병자성사 역시 죽기 직전에만 받는 성사가 아니라 중병을 앓거나 큰 수술을 앞두고 있을 때 언제든지 받을 수 있다는 사실을 기억해야 할 것입니다. 혼인성사의 경우는 조금 복잡합니다. 하지만 확실한 사실은 혼인성사 때 두 혼인 당사자가 하느님 앞에서 맺은 약속은 결코 깨질 수 없다는 것입니다. 그럼에도 혼인성사 이후, 한쪽 배우자가 세상을 떠난다면 서로가 맺은 혼인 계약이 자연스럽게 풀리기 때문에 남겨진 배우자는 다른 사람과 함께 혼인성사를 받을 수 있습니다.

성사를 몇 번 받을 수 있느냐 하는 문제보다 더 중요한 것은 우리가 일생 단 한 번만 받을 수 있는 세례와 견진성사를 얼마나 소중하게 여기고 있느냐입니다. 세례와 견진성사를 받은 우리는 성사를 통해 받게 된 은총을 소중히 여기고 하느님의 충실한 자녀가 되기 위해 최선을 다하여 살고 있나요? 우리가 받은 은총에 어떤 열매를 맺으며 살아가고 있나요?

예수님,
저 화장실 가요, 밥 먹어요

제가 어릴 때 본당 보좌 신부님이 해 준 이야기입니다. "어린이 여러분, 어떻게 하면 하루 종일 예수님과 함께 지낼 수 있는지 아세요? 제가 알려 드릴게요. 아침에 일어나서 눈을 뜨면 '예수님, 안녕히 주무셨어요? 저도 잘 잤어요.'라고 말씀드리고, 학교에 갈 때면 '예수님, 저 학교 가서 친구들하고 싸우지 않고 재미있게 지내다 올 수 있도록 옆에 계셔 주세요.'라고 말씀드리세요. 화장실 갈 때나 밥을 먹을 때에도 '예수님, 저 화장실 가요, 밥 먹어요.'라고 말씀드리면 돼요. 그러면 눈에 보이지 않지만 예수님께서 여러분과 함께하고 있다는 사실을 조금씩 깨달을 거예요." 그 당시 순수(?)했던 저는 신부님이 알려 준 대로 아침에 눈을 뜨고 저녁에 잠이 들 때까지 예수님을 수도 없이 부르며 괴롭혀 드렸습니다. 하지만 시간이 지나 사춘기에 접어들고 또 어른이 되면서 그때 그 모습은 단순히 신부님이 어린이들에게 교리 교육을 하기 위한 하나의 방법이었을 뿐이라고 말하며 현실성이 없는 것으로 치부해 버렸지요. 그런데 지금 와서 생각해 보면 삶의 순간순간 예수님을 찾고 그분 이름을 부르며 그분의 눈으로 세상과 이웃, 자신을 바라보며 살아가는 것이 신앙생활에 얼마나 중요한지 새롭게 깨닫게 됩니다.

예수님의 삶 자체는 하나의 탁월한 기도였습니다. 예수님께서는 사막에서 유혹을 받았을 때나 제자들을 뽑을 때, 십자가 위에서 죽음을 맞이할 때와 같은 결정적인 순간에 더욱 간절히 하느님께 기도하셨습니다. 다시 말해 예수님께서는 삶의 순간마다 하느님 아버지를 찾고 그분의 뜻이 당신을 통해 이루어질 수 있도록 '기도'하셨습니다. 우리가 예수님을 통해 배울 수 있는 기도의 첫걸음은 바로 하느님 아버지를 찾고 그분 안에 머무는 자세입니다. 우리는 인생의 수많은 선택의 기로에서 어떤 결정이 가장 나를 행복하게 만들며 올바른 삶을 살도록 이끌어 줄까 고민합니다. 이러한 걱정과 고민 앞에 세상이 쫓아가는 방식대로 결정을 내리지 않기를 바랍니다. 오히려 예수님께서 기도하시기 위해 한적한 곳을 찾고 또 늦은 밤까지 기도하셨듯이, 잠시라도 성체 앞에 혹은 침묵 가운데 우리와 함께하시는 하느님을 찾기를 바랍니다. 그리고 조용히 그분께서 우리를 통해 이루시려는 뜻이 무엇인지 여쭤 보세요. 분명 올바른 결정을 내릴 수 있는 지혜와 그 결정에 따라 살아갈 힘을 주시는 하느님을 만나게 될 것입니다. 삶의 순간순간마다 그분 곁에 머무는 연습을 자주 해 보세요. 그래야 하느님께서 나와 함께 계심을 깨닫고 무엇이 진정 하느님의 뜻인지 식별할 수 있는 '눈'을 선물로 받게 될 것입니다.

인간이 어떻게
인간의 죄를 용서할 수 있죠?

어느 날 친하게 지내던 청년을 만나게 되었습니다. 잘 지내냐고 묻는 질문에 조금 머뭇거리더니 얼마 전 개신교 친구와 사소한 말다툼으로 어색해져서 힘들다고 말해 주었습니다. 그리고 그 말다툼은 종교적인 문제, 특히 '고해성사'와 관련된 내용에서 시작했다고 이야기했습니다. 저는 좀 더 자세하게 말해 줄 수 있냐고 물었습니다. "제 친구가 그러더라고요. '아니 왜 인간이 인간에게 가서 죄를 용서해 달라고 청하는지 모르겠어. 가톨릭 신자들은 사제에게 가서 죄를 고백하고 또 용서를 받는다는데, 너무 웃기지 않아?'라고 말하더라고요. 저는 그게 아니라고 화를 냈지요. 그런데 저도 고해성사 때 왜 사제에게 가서 고백하는지 잘 모르겠더라고요. 사실 정확하게 답하지 못하는 제가 너무 부끄러워 화를 낸 것 같아 더 화가 나요." 여러분이라면 어떻게 대답하겠어요?

  질문에 답하기 전에 우선 성경에 나타난 죄와 용서에 대한 의미를 살펴봅시다. 구약의 이스라엘 백성은 죄와 용서를 오늘날처럼 정신적, 심리적으로 이해하지 않고 매우 구체적, 현실적으로 생각했습니다. 그들은 죄를 하느님과 인간, 혹은 인간과 인간 사이의 관계에서 이해하며 이 두 당사자 간의 관계를 가로막는 보이지 않는 장애물로 인식했습니다. 그래서 죄를 용서한다는 것은 장애물을 제거하는 일, 즉 하느님과 인간, 혹은 인간과 인간 사이의 관계를 정상적이고 올바르게 본래의 상태로 회복되는 일을 의미했습니다. 그렇다면 이 본래적 상태로의 회복은 어떻게 이루어질까요? 이스라엘 백성은 죄를 용서하는 권한은 오로지 하느님께만 있다고 믿었습니다. 앞서 개신교 친구도 이 부분을 강조한 것이겠지요. 이 부분에 있어 가톨릭도 같은 믿음을 공유합니다.

  하지만 우리는 예수 그리스도께 시선을 돌려야 합니다. 왜냐하면 예수님께서 보여 주신 용서를 통해 하느님의 자비와 사랑이 더욱 분명하게 드러났기 때문입니다. 예수님께서는 공생활 동안 오직 하느님에게만 유보된 죄의 용서를 실현하셨습니다. 가난하고 보잘것없는 이들, 죄인이라 낙인이 찍힌 이들의 죄를 용서하시고 그들이 새롭게 살아갈 수 있도록 하셨습니다. 그런데 예수님께서는 제자들을 뽑아 세우고 마귀를 쫓아내고 병으로 고통받는 이들을 고쳐 주라는 사명을 부여하셨습니다(마르 6,13 참조). 또한 부활하신 후 사도들에게 성령을 불어넣으시며 사람들을 죄에서 해방할 사명과 권한을 교회에 맡기셨습니다(요한 20,23 참조). 그래서 교회는 예수 그리스도의 이름으로 죄를 용서하는 사명을 수행하고 있습니다.

사제가 고해성사를 통하여 죄의 용서를 베푸는 이유는 사제 자신의 권한도 능력도 아니요, 오로지 그 권한을 맡기신 예수님 때문입니다. 그러기에 고해성사는 예수님께서 베푸시는 사랑의 용서와 자비가 펼쳐지는 자리입니다. 예수님께서는 지금도 우리가 죄에 짓눌려 하느님에게서 멀어지지 않기를 바라십니다. 우리가 고해성사 안에서 진정으로 하느님의 용서를 체험할 때, 우리의 영혼은 하느님과 더 가까워지며 그분의 자녀로 살아가는 풍성한 은총을 받게 될 것입니다.

출근길에서 만나는 하느님

저는 교구 사목국에서 특수 사목을 하고 있습니다. 특수 사목이란 본당에 거주하지 않고 주어진 특정 분야에 대한 사목을 이야기합니다. 제 경우 각 본당에서 교리 교사 혹은 나눔 봉사자로 예비 신자들의 동반자가 되어 주는 신자들, 또 본당 전례 분과에서 활동하는 신자들을 대상으로 봉사자 양성 교육을 수행하는 소임을 맡고 있습니다. 이렇게 특수 사목을 하다 보니 본당 신부님들과 달리 정해진 시간에 출퇴근하는 삶을 살고 있습니다. 제 사무실은 명동에 있고 숙소는 전철로 20분 정도 걸리는 곳에 있습니다. 그래서 출퇴근 시간이 되면 평소에는 경험할 수 없는 '지옥철'을 맛보게 되지요. 그나마 환승역에 다다르면 막힌 하수구가 '뻥' 뚫리듯 많은 사람이 우르르 빠져나가고 그때야 비로소 꾸겨진 옷과 얼굴을 피면서 평화로운 아침을 시작하게 됩니다. 저는 겨우 20분인데, 직장이 먼 분들은 출퇴근길이 어떨지 상상만 해도 아찔합니다.

언젠가 같은 사무실에 근무하는 직원에게 물었습니다. "집이 3호선 끝인데, 출퇴근 시간이 꽤 걸리겠네요? 심심하지 않으세요? 출퇴근하면서 특별히 하는 것이 있나요?" 그러자 그 직원은 해맑게 웃으며 대답했습니다. "퇴근길은 좀 어렵지만 출근할 때에는 앉아서 올 수 있어 편하게 와요. 저는 이 시간이 너무 좋아요. 그동안 출근하면서 성경을 3번이나 통독했거든요. 지금도 성경을 읽으면서 출근하는데 사람들이 많아 숨이 팍팍 막혀도 하루를 기도로 시작할 수 있어 좋아요." 소녀 같은 모습으로 기쁨을 표현한 직원을 보며 저는 부끄러움을 느꼈습니다. 왜냐하면 언제 어디서든 기도할 수 있다는 것을 알면서도 저의 출근 시간은 SNS를 확인하고 입방아 거리가 될 만한 기사들을 훑어 보는 일로 꾸며졌기 때문입니다.

어떤 선배 신부님이 "매 순간 기도하려고, 특별히 하루에 걷는 많은 시간 동안 묵주를 손에 쥐고 기도할 때, 그 모든 기도 덕분에 성당에 앉아서 더 빨리 고요한 마음으로 기도에 집중할 수 있다."라고 했던 것이 기억납니다. 물론 정해진 장소,

특별히 감실이 있는 성당에서 기도하는 것이 더욱 좋겠지만, 그곳에 갈 수 없다 하더라도 우리는 매 순간 영혼의 안테나를 하느님께로 향하여 기도를 바칠 수 있습니다.

그리스도교 신자는 언제 어디서나 기도할 수 있습니다. 무슨 일을 시작하거나 마칠 때도 화살기도를 통해 하느님께 일을 잘할 수 있도록 청하고 또 일을 잘 마칠 수 있게 해 주신 것에 대한 감사 기도를 바칠 수 있습니다. 친구들을 만나거나 학교에서 수업을 할 때에도, 직장에서 일할 때에도 기도할 수 있습니다. 물론 정해진 거룩한 장소에서 하느님께 기도를 드리며 깊은 위로와 평화를 얻고 내적으로 은총이 충만해져서 새롭게 삶으로 돌아가는 것도 중요합니다. 하지만 우리의 일상 가운데 그분과 더욱 가까워지기 위해 노력하는 것도 중요합니다. 하느님께서는 우리가 찾고자 한다면 언제 어디서든 우리의 이야기에 귀 기울여 주실 분이기 때문입니다.

우리는 하루의 삶 속에서 하느님을 만나고자 얼마나 노력하고 있나요? 세상의 것에 온통 마음을 **빼앗겨** 살고 있지는 않나요? 작은 순간마다 우리의 영혼을 그분께 내어 드리고자 노력하면 어떨까요?

수녀원에 가서 기도만 하면 얼마나 좋을까요?

　본당에서 청년들과 함께 지내다 보면 하느님의 부르심을 받아 수도자의 삶을 살기를 결심하는 청년들을 만나게 됩니다. 저는 그들의 결심이 얼마나 아름다운 일이며 놀라운 은총인지 보여 주기 위해 입회식 혹은 첫 서원 미사에 청년들을 데려가곤 했습니다. 어느 날 수녀원에 들어간 본당 청년을 축하하고자 입회식에 가는 길이었습니다. 한 청년이 부러운 마음이 담긴 목소리로 말했습니다. "아, 좋겠네요. 이제 세상 걱정은 끝이겠네요. 돈 걱정 안해도 되고, 뭘 입고 먹을지 걱정 안해도 되고……. 저도 수녀원에 가서 걱정 없이 기도나 하면 얼마나 좋을까요?" 그 이야기에 저도 모르게 화를 냈습니다.

수녀님들의 기도가 세상과 동떨어진 것이 아니라고, 오히려 하느님과 더 깊은 일치를 이루며 살기 때문에 세상과 이웃을 더욱 사랑하고 또 그들의 고통을 자신의 아픔으로 느끼며 살아야 하는, 절대 쉽지 않은 길이라고 말해 주었지요.

 물론 그 청년의 이야기가 자신의 힘든 상황에 대한 소소한 투덜거림이었음을 잘 알고 있었습니다. 그러나 저는 우리 안에 알게 모르게 뿌리내린 선입견, '기도만 하는 수도 생활은 현실과는 상관없이 마냥 편하고 좋은 것이라는 생각'에 대해 '아니'라고 분명하게 말하고 싶었던 것입니다. 우리의 기도 역시 현실 도피가 아닙니다. 오히려 현실 속에서 우리를 하느님의 자녀답게 살 수 있도록, 그래서 세상 안에서 빛과 소금이 될 수 있도록 우리 안의 은총에 대한 책임감을 일깨워 주는 자리입니다.

 기도하는 사람은 기도 안에서 현실 전체를 보는 눈을 갖게 됩니다. 현실을 견뎌 낼 힘을 하느님께 받게 되는 것이지요. 기도란 결코 아무 노력 없이 무조건 하느님께 자신이 겪는 상황을 변화시켜 달라고 조르는 것도 아니요, 하느님의 사랑에 기뻐하며 감사드리는 행복감에 도취되어 안주하는 것도 아닙니다. 기도는 우리가 어떻게 하느님의 뜻에 따라 삶을 그분 안에서 꾸며 나갈 수 있는지 깨닫고 또 그렇게 살아갈 힘을 얻는 순간입니다. 세상의 가치 가운데 복음의 가치를 실천하며 살아갈 때 얼마나 큰 기쁨과 행복을 누릴 수 있는지 우리는 기도를 통해 맛볼 수 있습니다. 비록 복음적 선택이 힘들고 어려운 삶의 결과를 가져온다 해도 흔들리지 않고 주님만을 믿고 살 수 있도록 기도 안에서 용기를 얻게 됩니다. 그런 의미에서 기도는 아주 먼 여정과 어려운 도전에 맞서기 위한 에너지를 무료로 얻을 수 있는 주유소와 같습니다. 그래서 기도는 지극히 현실적입니다. 우리를 현실에서 벗어나게 하지 않고 오히려 현실에 더 깊이 관여할 수 있도록 이끌기 때문입니다.

혹시 기도가 세상 속에서 걱정 없는 사람들이 누리는 사치라고 생각한 적은 없나요? 기도가 그리스도인으로 살기 위해 끊임없이 에너지를 얻는 주유소라 한다면, 자주 그 주유소에 들러 에너지를 얻고 있나요?

청원이 이루어지지도 않았는데 감사 기도를 바쳐도 될까요?

혹시 묵주의 9일 기도 혹은 54일 기도에 대해 들어 본 적 있나요? 묵주 기도는 오랜 전통을 지닌 그리스도인의 기도입니다. 특별히 1830년 이후 성모님께서 여러 차례 발현하시어 묵주 기도를 열심히 바칠 것을 호소하면서 묵주 기도에 대한 신심이 널리 전파되었습니다. 그중 9일 기도는 이탈리아 나폴리에서 병중에 기도하던 포르투나 아그렐리에게 발현하신 성모님께서 "누구든지 나의 도움을 얻고자 하는 사람은 '청원의 9일 기도' 세 번과 '감사의 9일 기도' 세 번을 바쳐라. 그러면 원하는 것을 모두 얻을 것이다."라고 말씀하신 것에서 유래합니다. 성모님의 말씀에 따라 많은 신자가 매일 묵주 기도

5단씩, 청원과 감사의 지향에 따라 9일에 걸쳐 총 6번을 54일간 바치면서 오늘에 이르렀습니다. 특별히 성모님을 사랑하는 우리나라 신자들은 이 기도를 더욱 열심히 바치며 성모님의 도우심으로 하느님의 은총을 충만히 체험하고 있습니다.

저는 얼마 전 54일 기도를 바쳤다는 청년에게 그 기도를 하면서 어떤 부분이 가장 힘들었냐고 물었습니다. 그 친구는 이렇게 말했습니다. "처음 청원 기도는 열심히 집중해서 바쳤는데 감사 기도를 시작하면서 분심이 들더라고요. '아직 내 청원이 이루어지지도 않았는데 정말로 들어주실까? 너무 미리 감사 기도를 바치는 것은 아닐까?' 이런 생각 때문에 감사 기도를 바치면서 충실히 집중하지 못했던 것 같아요." 저 역시 이 청년과 같은 생각을 할 때가 많습니다. 인간적인 마음에서 본다면 일어나지도 않은 일들에 미리 감사한다는 것은 쉽지 않습니다. 그런데도 감사 기도를 바칠 수 있는 이유는 그리스도인이 바치는 기도의 원천이 하느님께 대한 믿음과 희망, 그리고 하느님 사랑에 대한 감사의 마음에서 흘러나오기 때문입니다.

하느님의 말씀, 교회의 전례와 더불어 주님을 향한 믿음,

희망, 사랑, 즉 신망애의 향주삼덕向主三德(주님을 향한 세 가지 덕)은 우리가 기도할 수 있도록 이끄는 힘이며 원천입니다. 기도 안에서 우리는 한 분이신 하느님을 온전히 신뢰하게 됩니다. 또한 하느님께서 우리 기도를 들으시고 이루어 주실 것이란 희망 안에서, 그리고 하느님께서 보여 주신 놀라운 사랑을 통하여 기도합니다. 우리가 주님을 믿고 희망하며 사랑하는 마음이 크면 클수록 우리의 기도는 더욱 감사를 체험하고 또 감사를 표현하는 기도로 변화될 것입니다.

  우리의 기도는 하느님을 향한 믿음, 희망, 사랑 안에서 이루어지고 있나요? 아니면 단지 청원에만 집중하여 하느님께 드리는 감사의 마음은 늘 뒷전에 두고 있나요?

버스에서 만난 아가씨

한 신학생이 버스를 탔습니다. 얼마 후 하얀 피부에 봄바람 같은 아름다운 아가씨가 버스에 올랐습니다. 아가씨가 한 걸음씩 버스 안쪽으로 들어오자 신학생은 애써 시선을 다른 곳으로 돌렸지만, 그녀에게서 퍼져 나오는 향기는 피할 수 없었습니다. 신학생은 기도했습니다. "주님, 저를 유혹에 빠지지 않게 하소서." 그런데 그 아가씨는 그 많은 자리를 놔두고 하필 그 신학생의 옆자리에 자리를 잡았습니다. "주님, 제게 왜 이 시련을 주십니까! 이 유혹을 이겨 낼 힘을 주소서." 신학생은 쿵쿵거리는 심장 소리를 들키지 않으려고 한 손으로 가슴을 움켜쥐고 창밖만을 바라보았습니다. 시간이 얼마나 지났을까요? 갑자기 '털썩' 하는 소리와 함께 그 아가씨의 가냘픈 머리가 신학생의 어깨로 떨어졌습니다. 따뜻한 햇볕에 졸음을 참지 못한 아가씨가 신학생의 어깨를 베개 삼아 잠시 잠이 든 것이었습니다. 신학생은 온몸이 굳은 채 이렇게 기도했습니다. "하지만 주님, 제 뜻대로 하지 마시고 당신 뜻대로 하소서. 아멘!" 물론 지어낸 이야기이지만 우리가 유혹 앞에서 얼마나 나약한지 가늠해 볼 수 있는 이야기라 생각됩니다. 왜냐하면 우리는 달콤한 유혹을 하느님의 뜻인 것처럼 합리화할 때가 종종 있기 때문입니다.

우리는 세례를 통하여 죄를 용서받고 하느님의 자녀가 되어 그분을 "아빠, 아버지"라고 부를 수 있는 은총을 얻었습니다. 하지만 세례 후에도 죄로 기우는 인간의 나약함은 그대로 남아 있기에 우리는 죄를 지을 수 있습니다. 이 죄로 인해 세례 때 누리게 된 하느님과의 친교를 해치며 아버지의 마음을 아프게 만듭니다. 그 때문에 우리는, 주님의 기도에서도 드러나듯, 하느님 아버지께 유혹을 이겨 낼 수 있도록 도와 달라고 청하는 것입니다. 우리는 매일, 매 순간 유혹에 빠지지 않도록 하느님께 기도해야 합니다. 예수님께서는 우리의 인간적인 노력만으로는 온전히 악의 유혹을 이겨 내기 어렵다는 것을 알고 계셨습니다. 그래서 어려움이 있을 때마다 하느님의 도우심을 신뢰하며 기도할 것을 주님의 기도를 통해 가르쳐 주셨습니다.

유혹에 빠지지 않게 해 달라고 청하면서 기억해야 할 것이 하나 있습니다. 사실 우리는 유혹받을 기회를 스스로 만들면서 유혹을 없애 달라고 청하는 어리석은 행동을 할 때가 있습니다. 그리고 충분히 피할 수 있었던 유혹이었음에도 죄를 짓고 슬픔과 고통에 빠져 도대체 하느님 당신은 어디에 계셨냐며 불만을 터뜨리곤 합니다. 죄를 지을 기회 자체를 피하려는 노력 없이 하느님께만 유혹을 없애 달라고 청하는 것은 옳지 않습니다. 주님의 기도에서 "유혹에 빠지지 않게 해 달라는 청원"은 우리가 유혹에 빠지거나 죄를 지을 기회를 식별하고 의지적으로 그 상황을 피하겠다는 다짐도 포함된다는 사실을 잊지 마세요.

우리는 어떤 유혹 앞에 가장 많이 흔들리나요? 그 유혹을 이겨 내기 위해 하느님께 간절히 청하고 또 그 유혹을 피하고자 스스로 노력을 하고 있나요?

노잣돈과 '노자 성체'

어린 시절 TV 드라마 〈전설의 고향〉을 보던 중, 망자에게 염을 하면서 입에 쌀과 엽전을 올려 두는 모습을 본 적이 있습니다. 그리고 제가 아주 어렸을 때, 집안의 큰 어른의 장례를 치르며 망자가 저승길에 쓰라고 상여에 돈을 꽂아 주는 것을 본 적이 있습니다. 요즘도 그런 예식을 하는지는 모르겠지만, 동서양의 오랜 종교적 장례 예식이나 신화들을 보면 망자에게 저승까지 가는 여정의 경비로 사용하라고 돈을 주는데, 이 돈을 우리말로는 '노잣돈'이라고 부릅니다. 우리가 함께 살펴볼 '노자路資 성체'가 이런 데에서 직접 영향을 받았다고는 할 수 없지만, 그럼에도 비슷한 의미 안에서 이해할 수 있을 듯합니다.

노자 성체는 임종자가 죽기 전에 마지막으로 받아 모시는 성체를 말합니다. 죽음을 통해 주님 앞에 나아가는 신자들은 성체를 모시면서 예수 그리스도와 일치를 이루어 영원한 생명을 누릴 수 있는 은총을 얻게 됩니다. 교회는 초 세기부터 죽을 위험에 처한 이에게 노자 성체를 베풀었습니다. 이는 이 세상 삶을 마치고 죽음 너머 하느님을 만나러 가는 여정 속에 가장 훌륭한 동반자는 바로 '예수 그리스도'라는 믿음에서 비롯된 것입니다. 그래서 노자 성체를 가리키는 라틴어 '비아티쿰Viaticum'에는 '여행에 필요한 양식'이라는 뜻이 있습니다.

노자 성체에 관한 교회 내 최초의 명확한 증언은 325년 니케아 공의회에서 발견됩니다. "죽음에 임박한 자들에 대해서는 여전히 옛 규범이 준수되어야 할 것이다. 그 규범에 따라 죽음의 위험에 처한 어떤 사람이라도 마지막으로 절대적으로 필요한 노자 성체를 박탈당해서는 안 된다." 이러한 규정을 통해 우리는 교회가 죽음 앞에 선 모든 신자가 어떤 죄를 지었던 고해성사와 함께 성체를 모실 기회를 얻어야 한다고 강조하고 있음을 발견할 수 있습니다. 이러한 교회의 아름다운 전통은 오늘날에도 계속 이어지고 있습니다.

따라서 우리 그리스도인들은 죽음을 앞둔 이들을 위하여

기도하면서 동시에 그들이 주님을 만나러 가는 여정을 잘 준비할 수 있도록 도와야 합니다. 예전 본당에 있을 때, 새벽에 구역장님에게 급하게 전화를 받은 적이 있습니다. 신자 한 분이 지금 위급하다고, 그래서 병자성사를 줄 수 있냐는 전화였습니다. 저는 감실에서 성체를 모시고 급히 병원으로 향했습니다. 주위 다른 분들의 이야기를 통해 그분이 평생을 충실히 신앙인으로 살아오고 지역에 가난한 분들을 돌보았음을 알게 되었습니다. 그분의 마지막 가는 길에 예수님께서 함께하시도록, 그리고 그분이 믿음을 굳건히 하도록 도와주신 본당 신자들이 저는 너무 자랑스러웠고 감사했습니다. 분명 그분들은 삶의 가장 중요한 순간일 수 있는 죽음의 문턱에서 하느님의 자비와 예수님의 수난 공로가 얼마나 중요한지를 잘 알고 있었던 것입니다. 또 예수님께서 그분에게 영원한 생명을 위한 은총을 베푸실 것이라고 굳게 믿고 있었던 것입니다.

마지막 여정에 있는 신자들, 가족과 친지들은 물론, 각자의 이웃들 가운데 이런 어려움을 겪고 있는 이들이 주변에 있다면 신앙인으로서 해야 할 중요한 사명을 꼭 실천하길 바랍니다. 그리고 우리의 마지막 여정에도 주님과 함께할 수 있도록 기도하길 바랍니다.

3장

신앙이라는 선물

신부님, 지난번에 쓰신 강론 그냥 쓰세요!

"신부님, 저희랑 같이 식사하러 가요!" 성탄제 준비 회합이 끝나고 어떤 청년 교사가 해맑은 눈빛으로 말했습니다. "미안. 나 주일 강론 준비하러 가야 해. 다음에 가자." 그러자 그 청년이 "에이, 신부님, 작년 대림 시기에 써놓은 강론 있을 것 아니에요. 그거 조금 고쳐서 다시 쓰세요."라고 말하는 것이었습니다. 그때 옆에 있던 다른 교사가 말했습니다. "신부님, 작년 성탄이나 올해 성탄이나 똑같이 예수님의 탄생을 기뻐하고 축하드리는 건데 뭐 다른 게 없지 않나요? 이미 일어난 일을 기념하는 건데 똑같은 것 아닌가요? 그러니까 그냥 밥 먹으러 가요!"

사실 가끔 강론을 준비하는 데 시간이 너무 없을 때, 예전 강론을 들추며 '에이, 시간도 없는데 그냥 옛날 강론 그대로 쓸까?'라는 유혹의 소나타가 마음속 깊은 곳에서 울려 퍼지곤 합니다. 하지만 강론은 전례 안에서 우리를 만나러 오시는 예수님의 말씀을 새롭게 또 생생하게 신자들에게 선포하는 것임을 잘 알기에, 정성을 다해 강론을 준비하게 됩니다. 마치 어제 내린 비가 오늘 내린 비와 같지 않은 것처럼, 전례에서 선포되는 말씀은 단순한 반복이 아닙니다. 우리 가운데 살아 계신 예수님께서 우리를 언제나 새롭고 충만하게 살도록 이끌어 주는 생명의 말씀입니다.

전례 주년이란 그리스도께서 이루신 구원의 신비를 기념하는 교회의 달력이라 할 수 있습니다. 시간을 초월하여 시간을 창조하신 하느님께서는 인간의 역사 안으로 들어오셨습니다. 그리하여 아브라함을 선택하시고 성조들과 말씀을 나누시며 판관과 예언자들에게 당신의 말씀을 전하셨습니다. 그분께서는 결정적으로 당신의 아들 예수 그리스도를 보내시어 인간의 구원을 이루셨습니다.

전례는 세속의 시간을 예수 그리스도와 함께 살아가는 시간으로 변화시키고 그분께서 우리 안에 현존하시도록 거행하는 예절입니다. 그리스도의 탄생에서 출발하여 유년 생활을 지나 하느님 나라를 선포하시던 공생활, 그리고 당신을 반대하던 이들에게 잡히시어 수난을 받고 십자가에 못 박혀 돌아가시고 묻히셨으며 사흘 만에 부활하시고 승천하신 구원의 사건을 기념합니다. 또 마지막 날에 다시 오실 그분을 기다리며 이를 전례 안에서 기념합니다. 이처럼 교회는 대림 시기에서 시작하여 마지막 날인 '온 누리의 임금이신 우리 주 예수 그리스도왕 대축일'까지 1년 주기에 맞춰 전례를 거행하는 것입니다. 겉으로는 전례가 매년 반복되는 것처럼 보일 수 있지만, 우리의 오늘에 늘 새롭게 오시는 주님을 맞이하고 그분의 신비를 재현하는 것입니다. 그러므로 마음을 열고 능동적으로 전례에 참여해야 합니다. 전례 안에서 주님께서는 당신 부활의 힘으로 우리를 치유하고 용서하시는 가운데 오늘을 살아가는 우리와 만나시고 우리에게 말씀을 건네실 것입니다.

혹시 전례를 단순히 반복적인 교회 행사 정도로 여기고 있지는 않나요? 아니면 새롭게 주님을 만나는 순간으로 믿고 그분께 마음을 열고 전례에 정성스럽게 참례하고 있나요?

피정에서의 묵상 노트

신학교 양성 과정 중, 신학생들은 신부가 되기 전 단계별 영성 심화 과정을 따라야 합니다. 저 역시 이 과정을 위해 부제품을 받기 전, 이냐시오 영신수련에 따른 '30일 대침묵 피정'을 했습니다. 피정 첫날, 그때 느낌을 떠올려 보면 부제품을 앞두고 주님의 부르심에 온전히 응답하기 위해 충실히 피정에 임하려는 마음과 '나 같은 수다쟁이가 한 달을 침묵하며 온전히 묵상에 전념할 수 있을까?' 하는 두려운 마음이 뒤엉켜 있었던 것 같습니다. 조금은 어수선한 마음으로 저는 간절하게 기도를 드렸습니다. "주님, 제가 부제품을 앞두고 흔들리지 않고 충실히 당신의 길을 걸을 수 있도록 힘을 주십시오. 그리고 당신께서 저를 분명히 뽑으셨다는 사실을 깨달을 수 있도록 작아도 괜찮으니 무슨 표지를 하나만이라도 보여 주십시오." 이렇게 기도한 저는 피정 기간 동안 특별한 체험을 하게 될 것이라는 기대를 품고 열심히 피정에 임했습니다.

하루하루 지겹게 흘러갈 것만 같던 시간이 쏜살같이 지나갔습니다. 어느덧 마지막 날이 되었고 그제야 첫날 드린 기도를 떠올리게 되었습니다. '주님께서 내게 무슨 표지를 보여 주셨지? 내가 못 보고 지나친 건 아닐까?' 이런 궁금증과 함께 지난 30일의 시간을 하나씩 되돌아보았습니다. 하지만 주님은 "내가 널 부제로, 사제로 뽑아 세우겠다."라는 분명한 말씀을 하지 않으셨습니다. '내가 기도를 잘못한 건가? 어쩌지? 이제 피정도 다 끝나 가는데……. 내가 사제가 될 수 있는 걸까?' 침대에 누워 잠을 청하려 했지만, 왠지 잠이 오지 않았습니다. 그렇게 모두가 잠든 깊은 새벽에 몸을 일으켜 세웠습니다. 그리고 생각을 다른 곳으로 돌리려는 심산으로 책상에 앉아 30일 동안 묵상하며 적었던 글들을 읽어 내려갔습니다.

노트에는 수많은 기도와 삶 속에서 놓치고 있었던 하느님에 대한 다양한 체험으로 가득 차 있었습니다. 그 순간 지금까지 저를 이끌어 주셨던 하느님께서 언제나 함께하실 것이고 또 그렇게 그분 안에 머무는 삶이 곧 사제의 삶이라는 것을 어렴풋이나마 깨달을 수 있었습니다. 기도 안에서 저는 저를 부르고 계신 하느님 안에 천천히 젖어 들고 있었던 것이었습니다.

기도는 하느님과 우리를 이어 주는 다리입니다. 특히 묵상 기도는 우리의 이성과 오감을 활용하여 우리가 하느님께 사랑받고 있다는 친밀함을 느끼고 또 그분께서 우리를 통해 이루고자 하시는 뜻을 발견할 수 있도록 이끌어 주지요. 하지만 이러한 기도의 열매는 하느님의 은총으로 주어집니다. 은총은 우리의 방식이나 요구대로 얻어 낼 수 있는 무언가가 아닙니다. 묵상 기도를 통해 우리의 노력만으로 하느님을 직접 체험하고 영적인 결합을 이룰 수 있다는 욕심은 위험한 생각입니다. 왜냐하면 묵상 안에서 하느님을 느끼지 못하게 되면, 마치 하느님께 버림받았다는 잘못된 생각에 이를 수 있기 때문입니다. 그러므로 묵상 기도 안에서 하느님께 우리를 온전히 내어 맡기고 그분 안에 젖어 들려고 할 때, 그분의 방식, 그분의 생각을 통해 우리에게 주고자 하시는 하느님의 선물을 발견할 수 있을 것입니다.

장례 미사에서 만난 할머니들

제가 첫 본당에 있을 때 레지오 마리애에서 열심히 활동하던 자매님 한 분이 교통사고로 생을 마감한 일이 있었습니다. 평소 사람들에게 좋은 언니, 착한 자매님으로 사랑받던 분이었지요. 미사 때마다 하얀 미사보 사이로 비치는 맑은 눈빛과 두 손을 모아 정성을 다해 기도하던 모습이 떠오릅니다. 그분이 앉았던 자리도, 미사 후 제게 보인 잔잔하면서도 기쁨에 찬 미소도 기억납니다. 하지만 그분을 떠올릴 때마다 잊을 수 없는 것은 그분을 위한 마지막 미사였습니다.

자매님의 장례 미사를 봉헌하기 위해 성전에 들어섰을 때, 저는 깜짝 놀랐습니다. 너무나 많은 사람이 자매님이 가는 마지막 길을 함께하기 위해 모였기 때문입니다. 미사를 봉헌하는 중에도 안타까움과 슬픔, 함께 신앙생활하며 웃고 즐겼던 순간에 대한 감사로 성전 곳곳은 눈물바다가 되었습니다. 그 가운데 제 시선은 성당 구석에 앉아 나지막이 자매님의 죽음을 애도하는 할머니들에게 멈추었습니다. '처음 보는 분들인데, 누구시지?' 미사가 끝난 후, 한 자매님이 울먹이며 제게 말해 주었습니다. "신부님, 없는 살림에 혼자 사시는 어르신들 챙긴다고 매일 쌀이며 반찬이며 가져다 드렸던 그 할머니들이 이렇게 미사에 오셨어요. 고맙다는 말 한마디 제대로 전하지 못한 게 가장 마음이 아프다며 저렇게 울고 계시네요."

교회는 신앙을 전해야 하는 이유를 예수님께서 승천하시기 전 제자들에게 맡기신 복음 선포의 사명에서 찾습니다. "너희는 가서 모든 민족들을 제자로 삼아, 아버지와 아들과 성령의 이름으로 세례를 주고, 내가 너희에게 명령한 모든 것을 가르쳐 지키게 하여라."(마태 28,19-20) 예수님께서 하느님의 나라를 선포하시기 위해 아버지에 의해 파견되신 것처럼, 세례를 통해 그분의 자녀가 된 우리 역시 예수님에 의해 세상에 기쁜 소식을 전하라고 파견되었습니다. 복음 선포는 교회의 존재 이유이며 예수님께서 돌아오시는 그 날까지 결코 멈추어서는 안 되는 우리의 사명입니다.

하지만 복음 선포를 어려운 숙제로만 생각하는 신자들이 종종 있습니다. 그러면서 귀찮고 버겁게 여길 때가 많지요. 하지만 복음 선포를 억지로 해내야 하는 과제로 여긴다면 복음은 우리에게도 다른 이에게도 '기쁜 소식'이 될 수 없습니다. 복음을 선포하기 위해서는 우리가 먼저 복음 안에서 기쁨을 체험해야 합니다. 그렇게 얻게 된 기쁨에 감사한다면, 누가 억지로 시키지 않아도 기쁘게 우리가 체험한 모든 것을 누군가와 나누려고 할 것입니다. 마치 자신이 느끼는 행복을 이야기할 때, 다른 누군가 그 행복한 모습에 같이 웃음 짓게 되는 것처럼, 복음은 그렇게 하느님의 사랑을 체험한 이들이 온 삶을 통해 자연스럽게 전해지게 됩니다. 그리고 자신이 전한 복음을 통해 다른 누군가 하느님 안에서 변화되는 모습을 바라보며 더 큰 기쁨을 선물로 받게 될 것입니다.

미사가 끝나고 홀로 방에 앉아 장례 미사를 봉헌했던 자매님을 다시 떠올려 보았습니다. 이제는 떠나고 없는 자매님. 하지만 자매님의 향기는 오랫동안 사람들의 마음을 따뜻하게 만들어 줄 것이라는 확신이 생겼습니다. 자매님이 깨닫고 체험한 복음의 기쁨은 지역의 가장 가난한 이들에게, 또 다른 모습의 기쁜 소식으로 전해졌습니다. 할머니들이 흘린 눈물에서 저는 세상 그 어떤 난로에서도 느낄 수 없는 따뜻함을 느꼈습니다. 우리는 예수님의 사랑을 전하는 가장 따뜻한 난로입니다. 바로 지금, 가까운 곳에서부터 우리가 전해 받은 기쁨과 행복을 나누는 복음 선포자가 되었으면 좋겠습니다.

아기야, 이 엄마가
사랑한다는 것을 잊지 마렴

대중 매체를 통해 전해지는 보도를 보게 되면 차마 입에 담기도 힘든 살인, 방화, 파괴, 노동력 착취, 자연재해 등이 끊임없이 전해집니다. 이런 현실 속에서 하느님께서는 왜 침묵하시는지 때로는 이해할 수 없을 때가 참 많습니다. 모든 것을 선하게 창조하셨고 또 당신께서 원하시면 이 세상의 악을 모조리 없애실 수 있는데도 왜 악을 내버려 두실까요?

교회는 절박하고도 피할 수 없으며, 고통스럽고도 신비한 '악'에 관한 질문에 그 어떤 성급한 대답도 충분하지 못하다고 말합니다. 그럼에도 그리스도에게서 절정에 달한 구원의 역사에 비추어 악이 이 세상에 들어온 기원과 그 형태를 이렇게 가르칩니다. 첫째, 자연재해와 같은 물리적인 악은 물리적인 선과 공존한다는 사실입니다. 하느님께서는 세상을 궁극적 완성을 향해 가는 '진행의 상태'로서 창조하셨습니다. 하느님께서 모든 피조물을 완성의 길로 이끄시기에 마지막 날에는 악이 존재할 자리가 없고 고통도 끝날 것입니다. 둘째, 물리적인 악과는 비교할 수도 없이 중대한 윤리적 악에 대한 가르침입니다. 지성과 자유를 지닌 피조물인 천사와 인간은 하느님에게서 받은 자유 의지의 남용으로 사랑의 완성이 아닌 그릇된 길을 걸어가게 되었습니다. 이 장면을 창세기 2장과 3장은 상징적으로 묘사하고 있지요. 인간을 사랑하신 하느님께서는 인간의 자유 또한 존중해 주셨습니다. 그러나 인간은 이 큰 사랑을 잊고서 자기 뜻대로만 살려고 했던 것입니다. 바로 여기서 세상에 악이 들어오게 된 것입니다. 셋째, 하느님께서는 당신만 아시는 신비로운 방식으로 악에서 선을 끌어내십니다. 이에 대해 토마스 아퀴나스 성인은 "하느님께서 악을 허용하시는 이유는 오로지 그것으로부터 더 좋은 일이 생기도록 하기 위해서"라고 설명합니다.

2008년 중국 쓰촨성 지방에서 지진이 일어났을 때, 중국

전역은 슬픔과 절망으로 가득 찼습니다. 하지만 구조대원들이 발견한, 자신의 아이를 살리고 죽었던 어머니를 보고 죽음도 끊을 수 없었던 사랑에 새로운 희망을 되찾았습니다. 무거운 콘크리트에 짓눌리면서도 어머니는 자신의 품에 아이를 안고서 그렇게 죽어 갔습니다. 그리고 혼자 남게 될 아이에게 짧은 문자 메시지를 남겼습니다. "아기야, 네가 살아난다면, 이 엄마가 너를 정말 사랑한다는 것을 잊지 마렴." 비록 지진이라는 받아들일 수 없는 자연재해로 우리는 하느님의 현존을 의심했지만, 오히려 그 안에서 인간의 가장 고귀한 사랑을 역설적으로 발견할 수 있었습니다.

잠시 눈을 감고 스스로를 돌아봅니다. 이해할 수 없는 악의 소용돌이 앞에서 하느님을 버리고 무관심이라는 사막으로 도망치려고 하지 않았는지, 심리적으로 감당하기 힘들다는 이유로, 나 살기도 바쁘다는 이유로, 다른 이들의 고통을 회피하고 자신의 삶에만 집중하지는 않았는지 돌아봅니다. 비록 이 세상에 악이 존재한다 해도 그 악을 이길 수 있는 놀라운 사랑을 우리는 하느님께 받았습니다. 하느님의 사랑으로 빛이 되어 주세요. 그 어떤 악도 하느님의 사랑을 가릴 수 없습니다.

언제 어디서나 아멘!

가끔 미사 중에 강론을 하거나 강의를 하는 도중에 "아멘!" 하고 큰소리로 대답하는 신자들이 있습니다. 사실 그럴 때면 깜짝 놀라 제가 무슨 이야기를 했나 까맣게 잊어버릴 때가 종종 있지요. 한번은 어떤 분이 하도 "아멘!" 하고 소리를 지르니까 옆에 있던 분이 조용히 하라고 화를 내다가 서로 얼굴을 찌푸렸던 모습도 보았습니다. 이렇게 미사 혹은 강의 중에 '아멘' 하고 말하는 것에 대해 어떻게 생각하나요?

이 질문에 답하기 전에 '아멘'이 무슨 뜻인지, 우리가 '아멘' 하고 응답하는 이유가 무엇인지 살펴보는 것이 좋겠습니다. '아멘'은 그리스도교뿐만 아니라 유다교에서도 사용되는 단어로 '무엇인가 확실하고 유효하다'는 사실을 표현할 때 사용합니다. 구약을 보면 하느님의 업적에 대한 개인적 또는 공동체적 확신을 표현할 때나 영광송 혹은 찬미가의 마침으로 하느님을 찬양할 때 '아멘'이라는 표현이 사용되었습니다. 신약의 경우, 다음의 세 가지 용법으로 나눌 수 있습니다. 첫째, 신앙 고백이나 기도에 대한 응답으로서 그 기도가 이루어질 것임을 믿음으로 고백할 때, 둘째, 찬미와 찬양의 끝을 장식할 때 사용됩니다. 셋째, 아멘과 같은 어근인 '진실로'라는 예수님의 표현에서 그 의미를 발견할 수 있습니다. "내가 진실로 진실로 너에게 말한다. 누구든지 위로부터 태어나지 않으면 하느님의 나라를 볼 수 없다."(요한 3,3)와 같이 예수님께서는 당신 말씀의 진실성을 확인시켜 주기 위해 '아멘'을 사용하셨습니다. 이런 성경 내용을 통해 살펴본다면, 전례 안에서 바치는 찬미, 찬양 그리고 기도 모두가 '진실로 그렇습니다.', '그렇게 되기를 바랍니다.'라는 의미를 담는 것입니다. 그런데 이런 어원적 의미보다 더 중요한 의미를 알아야 합니다.

우리는 '아멘'이라고 말함으로써 하느님의 창조 활동과 구원 활동에 기쁘고 자유롭게 동의하는 것입니다. 우리가 성체를 모시기 전 사제가 "그리스도의 몸."이라 말하면 "아멘." 하고 응답합니다. 여기서 '아멘'은 빵의 형상 안에 신비로운 방식으로 예수님께서 계시다는 것을 믿음으로 고백하는 것으로, 신앙의 자유로운 동의이며 동시에 그분의 가르침에 따라 충실히 살아가겠다는 결심의 표현입니다. 사도신경의 경우, 기도 끝에 "아멘."이라고 응답하는데 이는 신경 첫 부분에 "저는 믿나이다."라는 것과 연결되어 모든 신앙 고백을 완결하는 표현입니다. 이와 함께 우리가 고백한 신앙이 하느님께서 이루신 놀라운 창조와 구원 업적을 굳게 믿고 그 구원이 교회를 통해 계속되고 있으며 또 마지막 날에 그 구원의 때가 완성되길 희망하고 있음을 온전히 동의하는 표현입니다. 저는 우리가 바치는 '아멘'이 결코 빈말이나 헛된 반복이 되지 않기를 빕니다. 그러기 위해서는 '아멘'을 통해 고백하는 신앙의 내용이 무엇인지 더욱 깊이 깨닫고자 노력하고 묵상해야 할 것입니다.

이상의 내용을 통해 봤을 때 미사 혹은 기도 중에 바치는 '아멘'은 진실된 표현이 되어야 합니다. 그냥 남들이 한다고 따라 하거나 자신의 믿음을 과시하려고 "아멘!" 하고 소리만 쳐서는 안 되겠지요. 우리가 입으로 고백하는 '아멘'은 어떤가요? 진심으로 기쁘게 동의하는 신앙 표현인가요?

미사가 재미없어요

 가까이 알고 지내는 청년 하나가 용기를 내어 제게 말했습니다. "신부님, 요즘 미사가 재미없어요. 집중도 안 되고, 끝나도 별 감흥이 없어요." 신부님이 강론을 너무 차분하게 하고 미사 중에 생동감 넘치는 생활 성가도 부르지 않다 보니 소위 '흥'이 나지 않는다는 것이 그 청년이 말한 '재미없는 미사'의 이유였지요. 저는 청년을 바라보며 조심스레 물었습니다. "너는 미사를 사랑하니? 너에게 미사는 다른 무엇과도 바꿀 수 없는 의미가 있니?" 그러자 그 청년은 "그냥 어렸을 때부터 참례해야 한다고 해서 지금껏 주일을 잘 지켜 왔지, 뭐 큰 의미는 없는 것 같아요. 어떻게 해야 할까요?"라고 말했습니다. 신자라면 누구나 한 번쯤은 이런 마음을 느꼈을 것으로 생각합니다. 우리에게 미사는 무엇일까요?

　미사로 대표되는 교회의 전례는 하느님께서 당신 아들 예수 그리스도를 통해 이루신 구원 업적을 기념하고 재현하는 자리입니다. 그래서 교회는 이 전례를 통해 '하느님의 일', 다시 말해 인간을 사랑하시고 구원하시는 하느님의 일에 참여하는 것이라 가르칩니다. 우리는 교회의 전례 안에서 하느님께서 이루신 구원의 은총을 충만히 받게 되고 또 우리를 위해 베풀어 주신 그 은총에 감사와 찬미를 드립니다. 이러한 심오한 의미를 생각할 때, 전례는 단순한 인간의 재미와 흥미를 유발하는 형태로 펼쳐져서는 안 됩니다. 전례는 하느님께서 인간을 만나러 오시는 신비롭고 아름다운 자리입니다. 그러기에 전례는 하느님께서 인간 구원을 위해 마련하신 가장 탁월한 교회 활동이 되어야 합니다.

　오늘날 많은 본당에서 좀 더 활기찬 미사를 만들기 위하여 청년 미사 중 율동과 함께 생활 성가를 부르는 공동체 미사를 봉헌합니다. 어린이 미사나 중고등부 학생 미사에서도 아이들과 학생들의 관심을 끌기 위해 다양한 아이디어가 활용되지요. 물론 이러한 노력이 잘못되었다는 것이 아닙니다. 다만 전례 자체의 의미를 모른 채 단지 흥미와 관심을 불러일으키기 위한 미사로만 만들고자 한다면, 그 미사는 하느님께 대한 참된 찬미와 감사의 제사, 친교의 식탁이 되지 못하고 단순한 인간적 행사로 변질되고 말 것입니다. 그리고 학생과 청년들 역시 자신도 모르는 사이에 미사는 재미있어야 한다는 잘못된 생각을 할 수도 있습니다. 그러기에 전례의 가장 중요한 핵심, 바로 예수 그리스도께서 전례 안에 현존하시고 우리를 만나러 오신다는 사실을 분명하게 깨닫고 이 그리스도와의 만남을 위해 개인적인 노력뿐만 아니라 공동체적인 노력을 기울여야 할 것입니다.

특별히 전례 가운데 중심을 차지하는 미사를 통해 우리 모두가 하느님 안에서 매 순간 신앙의 성숙을 이루어 나갈 수 있기를 희망해 봅니다. 이러한 지향 안에서 스스로에게 다음 질문을 던져 봅시다. "과연 나는 미사를 사랑하는가? 미사가 세상 그 어떤 것보다 소중하다고 여기며 미사를 통해 드러나는 하느님의 신비에 젖어 들고자 몸과 마음의 준비를 충실히 했는가?"

그들의 문화와 삶 속으로

사제품을 받은 후, 하느님께서는 제게 좋은 기회를 마련해 주셨습니다. 교회의 역사에서 중요한 위치를 차지하는 프랑스에서 신학을 공부할 수 있는 시간을 주신 것입니다. 좋은 기회라고 표현했지만, 사실 유학을 떠나라는 말에 두렵고 떨리는 마음이 앞섰습니다. 왜냐하면 제 외국어 실력이 얼마나 보잘것없는지, 그리고 프랑스어가 얼마나 어려운 언어인지 알고 있었기 때문입니다. 또 낯선 환경과 문화 속에 제가 적응하고 맡겨진 사명을 잘 마치고 돌아올지 걱정이 되었습니다. 그래도 "떠나라!"는 하느님의 말씀에 지체하지 않고 떠난 아브라함과, 저보다도 한참 어린 나이에 낯선 타지에서 사제 양성을 받아야 했던 김대건 신부님을 떠올리며 파리로 향하는 비행기에 몸을 실었습니다.

　예상대로 저는 언어적 한계로 인해 많은 어려움을 겪게 되었습니다. 그럴 때마다 책상에 찰싹 붙어 쉬지 않고 공부했으나 제 프랑스어는 좀처럼 늘지 않았습니다. 이러다 학업에 실패하고 그냥 돌아가야 할지도 모른다는 두려움이 커져 갔습니다. 그렇게 1년을 정신없이 보낸 후, 방학을 맞아 시골 본당에서 두 달 정도 머물게 되었습니다. 따뜻하게 맞아 준 신부님과 신자들, 매일 미사를 준비하며 수차례 고친 강론들, 고해성사를 보는 신자들의 고백을 경청하며 함께 기도했던 시간들……. 저도 모르는 사이에 제 프랑스어가 조금씩 나아지고 있음을 느끼게 되었습니다. 아니, 틀려도 괜찮으니 계속 대화를 통해 고쳐 나가면 된다는 자신감이 생겼습니다. 그제야 왜 선배 신부님들이 '말 공부는 책상에서 하는 것이 아니라 사람들 안에서 하는 것'이라 했는지 깨달았습니다. '아, 잘못 공부하고 있었구나. 말 자체보다 말을 쓰는 사람들의 생각과 문화를 배우고 그들의 삶으로 들어가야 했구나.' 그렇게 방학을 마치고 제 삶의 방식은 조금씩 바뀌게 되었습니다. 책상에서 길거리로, 사람들 사이로 다가갈 수 있었고 그렇게 유학의 삶에 젖어 들 수 있었습니다.

가톨릭 신자가 되려면 세례성사를 받아야 합니다. 그렇다면 세례를 받기 위한 조건은 무엇일까요? 세례를 받지 않은 사람은 누구나 세례받을 자격이 있습니다. 하느님의 은총은 모든 이에게 열려 있는 보편적인 선물이기 때문입니다. 하지만 세례를 받지 않았다는 사실만으로는 충분하지 않습니다. 그리스도교의 신앙을 고백해야 하고 신앙에 따르는 삶을 배우고 익혀야 합니다. 여기서 신앙 고백이란 성부와 성자와 성령이신 하느님께서 온 인류의 주님이시며 구세주이심을 믿음으로 고백하는 행위를 의미합니다. 이 신앙 고백이 참된 고백이 되도록 이끌기 위해 교회는 2천 년이 넘는 시간 동안 '예비 신자 교리 교육'을 마련하여 복음 선포의 사명을 수행하고 있습니다. 세례받기를 원하는 사람은 자신이 사는 곳을 관할하는 성당에 가서 '예비 신자 교리반'에 등록을 하고 6~7개월 정도의 교리 교육을 받아야 합니다. 이때 신자가 되어 신앙을 고백하는 데 필요한 하느님 말씀과 교회의 가르침, 신자 생활에 필요한 전례, 기도, 계명 등을 배우게 됩니다.

앞서 제가 프랑스의 삶에 정착하는 과정에 대해 이야기했는데, 예비 신자들도 비슷한 과정을 거친다고 생각됩니다. 신자가 되어 하느님을 세상과 인간의 창조주이시며 구세주로 고백하기 위해서는 무엇보다 교회의 언어, 곧 신자들이 쓰는 표현, 예를 들어 다양한 기도문과 그 안에 담긴 의미를 익혀야 합니다. 이 교회의 언어를 배우기 위해서는 그리스도인들의 생각과 행동, 그들의 문화를 배우는 총체적인 과정이 필요한 것이지요. 이 때문에 예비 신자 과정은 단순히 학원에서 어떤 교육 과정을 이수하는 것이 아니라, '삶'을 배우고 그 '삶'을 살아감으로써 하느님의 사랑을 체험하고 증거하는 방법을 배우는 기간이 되어야 합니다.

분명 신자가 되는 과정에서 어색함과 불편함을 느낄 수도 있습니다. 또 이해되지 않는 생소한 가르침으로 어려움을 겪을 수도 있습니다. 하지만 그때마다 단순히 머리로 하느님을 이해하려고만 하지 말고 기도와 사랑의 실천으로 신앙생활에 젖어 들고자 노력한다면, 어느 순간 지금까지 느끼지 못한 평화와 위로, 희망을 발견하게 될 것입니다. 그리고 세례를 통해 우리 안에 머무시는 성령의 도우심으로 하느님의 뜻과 말씀을 더욱 깊이 이해하는 신앙인으로 거듭날 것입니다.

신부님,
결혼하고 싶지 않으세요?

사제가 되어 많이 받는 질문이 있습니다. "어떻게 신부님이 되셨어요? 특별한 성소 체험이 있으신가요?" 이 질문과 함께 꼭 따라오는 질문이 있습니다. "신부님은 결혼하고 싶지 않으세요?" 사제가 된 지 얼마 안 되었을 때는 이런 질문에 조금은 부끄러워하며 제대로 답하지 못했던 기억이 납니다. '성소聖召'란, 말 그대로 거룩한 소명, 하느님의 거룩한 부르심입니다. 하느님께서는 참된 행복으로 우리를 이끄시기 위하여, 이를 통해 당신의 영광을 온 세상에 드러내기 위하여 끊임없이 우리를 부르십니다. 이것을 '성소'라고 말합니다.

일반적으로 성소는 넓은 의미와 좁은 의미로 구분됩니다. 하느님 백성 모두 각자의 삶을 통해서 하느님의 뜻을 실천해 나가는 모습을 넓은 의미에서의 성소라 할 수 있습니다. 어떤 이는 부모로, 어떤 이는 교육자, 정치가, 예술가로서 하느님의 영광을 드러내는 소명을 살아갑니다. 한편 어떤 이들은 사제로, 수도자로 부르심을 받습니다. 여기서 후자를 좁은 의미에서의 성소라 말합니다. 사제는 그리스도의 모습을 따라 세상에 복음을 전하고 신자들의 거룩한 삶을 위하여 기도하고 가르치며 무엇보다 하느님께 바치는 공적인 전례를 거행하기 위해 축성됩니다. 수도자는 청빈, 정결, 순명의 복음적 권고를 따라 자신의 온 삶을 하느님께 바치며 기도와 사도적 활동에 투신합니다. 이 거룩한 소명을 충실히 수행할 수 있도록 예수님께서는 특별한 길을 제시하시는데 그것은 바로 "하늘나라 때문에"(마태 19,12 참조) 독신으로 사는 삶입니다.

오늘날 결혼을 하지 않고 독신을 선택하는 사람들이 늘고 있습니다. 하지만 이들의 독신은 사제와 수도자들의 독신과는 전혀 다릅니다. 독신자는 배우자나 가족을 돌볼 필요가 없기에 자유와 독립을 누릴 수 있습니다. 하지만 사제와 수도자들은 삶의 편의와 자유를 위해서가 아니라 하느님께 온전히 자신을 봉헌하며 그분께서 맡기신 신자들에게 더욱 탁월하게 투신하기 위하여 독신을 자발적으로 선택한 것입니다.

그렇다고 해서 이들이 결혼 생활을 경시하는 것은 결코 아닙니다. 왜냐하면 사제와 수도자들의 성소뿐만 아니라 결혼 성소 역시 하느님께서 이 세상을 당신의 사랑으로 이끄시는 부르심이기 때문입니다. 중요한 것은 살아가는 방식은 다를지라도 각자의 삶을 통해 복음을 증거하는 일입니다. 프란치스코 교황님도 이 점을 강조하면서 이렇게 말씀하셨습니다. "모든 성소는 가는 길은 서로 다를지라도 자신을 벗어나 그리스도와 복음을 삶의 중심에 둘 것을 요구합니다. 우리는 혼인 생활을 하든, 봉헌 생활을 하든, 사제 생활을 하든 하느님의 뜻과 일치하지 않는 사고방식과 행동 방식을 극복해야 합니다."(제51차 성소 주일 담화문)

저에게 성소란 매 순간을 새롭게 결심하는 여정입니다. 사제품을 받았다는 사실로 끝이 아니라 성소에 합당한 삶을 살도록 계속 깨어 기도하며 충실하게 살기를 결심하는 여정이지요. 이런 깨어 있는 삶은 비단 사제 성소에만 해당하는 것은 아닐 것입니다. 우리 각자는 하느님의 부르심에 응답하며 부르심에 합당한 삶을 살기 위해 노력하나요?

하느님께서 발걸음이 휘청거리게 내버려 두신다 하더라도,

이는 오직 그분께서 붙잡아 주시지 않으면

그대가 완전히 쓰러지리라는 것을 깨닫게 하시려는 의도입니다.

그러므로 하느님의 손을 꼭 붙잡으십시오.

― 프란치스코 살레시오 성인

고해성사 때 들려 준 성경 말씀

본당에서 청년 여름 캠프를 갔을 때의 일입니다. 첫날 저녁 참회 예절을 마치고 폭포 같은 땀을 흘리며 청년들에게 고해성사를 주었습니다. 자신의 삶을 성찰하며 하느님, 그리고 이웃들을 아프게 했던 모습을 진솔하게 고백해 준 청년들이 정말 아름다워 보였습니다. 그들의 고백을 듣고 저는 인간의 말로 된 위로와 격려보다 하느님의 말씀이 더 큰 힘을 줄 수 있겠다 싶어 각자의 고백에 맞게 필요한 성경 말씀을 찾아 천천히 읽어 주었습니다.

캠프가 끝나고 한참 후에 한 청년이 와서 말했습니다. "신부님, 캠프 때 고해성사를 보면서 들려 주신 성경 말씀, 너무나 감사합니다. 사실 읽어 주신 성경 말씀이 무슨 뜻인지 궁금해서 캠프 후에 그 부분을 조용히 다시 읽어 봤어요. 그런데 놀랍게도 성경 장면 하나하나가 생생하게 느껴지는 거예요. 죄지은 한 여인을 예수님께 데려오는 사람들의 얼굴, 고개를 떨군 채 두려움과 부끄러움이 뒤엉킨 여인이 흘리는 눈물, 그리고 다시는 죄짓지 말라며 여인을 위로하고 용기를 주시는 예수님. 그 이후 미사 중에 그 복음 말씀을 들을 때면 여인을 바라보셨던 그 모습으로 저를 따뜻하게 바라보시는 예수님을 만나게 돼요."

우리는 성경에 등장하는 사건과 말씀으로 언제나 기도할 수 있습니다. 성경을 통해 '지금 여기에서' 하느님께서 우리에게 말씀하시기 때문입니다. 예수님과 사람들 사이에서 주고받은 말씀과 행동은 단순히 과거의 것이 아니라 바로 지금 내 삶의 사건들 속에서 하느님께서 어떻게 나와 함께하고 계시는지 알려 주는 거울과 같습니다. 그러기에 성경 말씀을 통해 하느님께 기도를 드린다는 것은 우리 삶을 바라보고 우리를 올바른 길로 이끄는 원천이 되기에 무엇보다 중요합니다.

특별히 시편은 모든 시대와 문화 속에서 사람들이 체험하는 슬픔과 고통, 기쁨과 환희를 하느님께 드러내는 아름다운 기도입니다. 시편을 통해 우리도 시편 저자들처럼 꾸밈없이 나 자신을 하느님께 보여 드릴 수 있습니다. 또한 신약에 나오는 예수님과 그분을 만난 사람들을 바라봄으로써 기도 안에서 함께하시는 예수님을 만날 수 있습니다. 그분과의 만남을 통해 죄 많은 여인이 될 수도 있고, 자기 멋대로 살다가 아버지께 돌아온 방탕한 아들이 될 수도 있습니다. 십자가 위에 못 박히신 예수님을 보며 그분을 진정 하느님의 아들이라고 고백한 백인대장이 될 수도 있고, 돌아가신 예수님을 만나기 위해 무덤으로 달려간 여인이 될 수도 있습니다. 그들이 보여 준 회개와 고백, 감사와 찬미는 예수님의 말씀과 함께 지금의 내 모습, 나의 마음 그리고 하느님께서 나에게 원하시는 뜻을 더욱 깊이 깨닫도록 이끄는 나침반이 되어 줄 것입니다.

우리는 기도할 때, 특별히 미사 때 복음 말씀을 어떻게 받아들이나요? 한쪽 귀로 듣고 한쪽 귀로 흘려 버리지는 않나요? 예수님께서 지금 우리에게 하시는 살아 있는 말씀으로 소중히 받아들이고 있나요?

하느님,
제발 저 좀 도와주세요

얼마 전 30대 청년들이 중심이 되어 꾸려진 피정을 다녀왔습니다. 주님을 만나고자 활짝 열린 마음, 성가의 멜로디로 울려 퍼지던 아름다운 목소리, 그리고 서로를 향한 사랑의 눈빛은 제게 사제로 살아갈 새로운 동기를 부여해 주었습니다. 그 기억 가운데 특별히 한 봉사자가 피정에 참여한 청년들에게 들려 준 진심 어린 신앙의 고백은 아직도 제 마음 속에서 잔잔한 여운을 일으킵니다.

어려서부터 주어진 일에 최선을 다하며 살아온 청년은 비록 힘은 들었지만, 자신의 꿈을 이루기 위해 정직하게 삶의 벽돌 한 장 한 장을 쌓아 갔습니다. 결혼 후에도 가정 안에서 남편을 사랑하고 며느리로서 최선을 다해 시부모를 모시고자 노력했습니다. 하지만 뜻하지 않은 부부간의 불화, 시부모의 폭언에 점점 지쳐 갔고 고통스러운 매일을 보내야 했습니다. 그러다 두 번의 자연 유산과 함께 찾아온 우울증은 한 줄기의 빛조차 볼 수 없는 캄캄한 터널에 그 청년을 가두어 버렸습니다.

그런 자신의 삶을 저주하고 증오하던 그때, 문득 어려서 하느님께 기도하던 자신의 모습이 떠올랐습니다. 청년은 주저앉아 주님께 하소연했습니다. "도대체 왜죠? 왜! 저 너무 힘들어요. 하느님, 제발, 제발 저 좀 도와주세요." 이 절규를 다른 청년들에게 이야기한 후 청년은 잠시 고개를 숙이고 눈물을 흘렸습니다. 그 눈물은 무엇이었을까요? 그 당시 자신의 비참한 모습이 떠올랐기 때문일까요? 아니면 그때 느꼈던 하느님에 대한 분노가 떠올랐기 때문일까요? 얼마간의 침묵이 흐른 후, 어떻게 된 이유인지는 몰라도 원망에 찬 기도가 형언할 수 없는 평화를 가져다주었다고 고백했습니다. 그리고 이제는 어떤 상황에서도 "사랑해요, 주님." 하고 고백할 수 있다고, 또 그렇게 할 것이라며 나눔을 마쳤습니다.

지금까지 우리는 수많은 기도에 대한 정의를 들었습니다. 기도는 어떠하고 또 이러저러한 형식과 방법으로 바친다고 말이지요. 하지만 기도의 정의보다 더 중요한 것이 있습니다. 바로 하느님께 의탁하는 진실한 모습입니다. 어떤 표현을 어떻게 해야 한다는 기도의 지침서보다 더 필요한 것은 앞서 그 청년이 단순하게 자신의 마음을 하느님께 내어 보였던 모습입니다. 우리의 마음을 하느님 앞에서 가감 없이 이야기하는 것, 그 안에서 우리를 향하고 계신 하느님의 따뜻한 시선과 그분의 마음을 발견하는 것, 이것이 진정한 기도가 아닐까요? 비록 힘들고 어려운 일이 있다 해도 있는 그대로의 모습을 그분께 내어 보이며 그분 곁에 머무르려는 모습이 기도가 시작되는 순간이 아닐까요?

두려워하지 말고 일단 기도를 시작해 보세요. 초에 불을 붙이고 하느님께 솔직한 나의 마음을 말씀드려 보세요. 분명 기도 안에서 우리는 우리를 사랑하시는 하느님을 만날 것이고 또 그분께서 주시는 놀라운 평화와 위안을 얻게 될 것입니다. 자, 지금 책을 잠시 덮고 함께 기도해 볼까요?

하느님은 우리 마음을 다 아시는데 굳이 기도할 필요가 있을까요?

"신부님, 우리 마음을 다 아시는 하느님께 굳이 기도할 필요가 있을까요? 어차피 제가 청하는 것보다 제게 더 필요한 것을 알아서 주시는 아버지라면 기도해 봤자 소용없는 것 아닌가요?" 이런 질문을 받게 되면 꼭 들려 주는 예화가 있습니다. 유다계 종교 철학자 마르틴 부버가 쓴 《인간의 길》이라는 책에 나오는 일화입니다. 슈뇌르 살만이라는 랍비가 어느 감옥에 투옥되었습니다. 재판을 기다리며 감옥에 갇혀 있던 그에게 간수장이 성경을 읽다가 떠올랐던 몇 가지를 물었습니다. "전지전능하신 하느님께서 '너 어디 있느냐?'라고 물으신 이유가 무엇입니까? 이 말씀을 어떻게 알아들어야 하지요?"

랍비는 간수장에게 되물었습니다. "성경 말씀이 영원하고 모든 시대, 모든 세대, 모든 인간이 거기에 담겨 있다고 믿습니까?" 간수장이 "네, 믿지요." 하고 대답했습니다. 그러자 랍비는 이렇게 대답했습니다. "하느님께서는 시대마다 사람 한 명 한 명에게 '너는 네 세상 어디에 있느냐? 네게 주어진 몇몇 해가 지나고 몇몇 날이 지났는데, 그래, 너는 네 세상 어디쯤까지 와 있느냐?'라고 물으십니다."

아담은 하느님께서 선물로 주신 자유 의지를 제멋대로 사용하여 하느님과 같아지려는 교만이라는 죄를 지었습니다. 그리고 자신이 지은 죄에 대한 부끄러움으로 하느님을 피해 숨어 버렸습니다. 그런데 모든 것을 아시는 하느님께서 아담이 어디 숨었는지 모르셨을까요? 그렇다면 왜 "너 어디 있느냐?"라고 물으신 것일까요? 오히려 이 질문을 통해 하느님께서는 아담 스스로 지금 자신이 어떤 모습인지, 당신을 피해 숨어 있는 모습을 마주하고 무엇이 그를 당신과 멀어지게 만들었는지 깨달을 수 있도록 기회를 주신 것이 아닐까 싶습니다. 그리고 이는 지금 성경을 읽는 우리에게 묻고 계신 질문이라고도 할 수 있습니다. 우리 각자에게 마음속 깊은 곳에서 울려 퍼지는 말씀 "너 지금 어디 있느냐?"는 하느님께서 우리가 어디 있는지 몰라서 물으시는 것이 아닙니다. 이 질문은 하느님을 피해 달아났지만 어찌해야 할지 몰라 고개 숙이고 있는 우리에게 당신을 바라보라고, 당신께 돌아오라고 보내시는 축복의 말씀입니다.

기도는 하느님 앞에서 우리가 어떻게 살아가고 있는지, 무엇을 두려워하며 무엇을 진정으로 원하고 있는지 발견토록 이끄는 만남입니다. 그 만남 안에서 부끄러워 자신을 숨길 수도 있겠지만 이미 하느님께서는 모든 것을 알고 계십니다. 그렇기에 굳이 청할 필요가 없는 것이 아니라, 하느님께 우리의 아픔과 두려움을 말씀드리고 더욱 그분께 매달려야 하는 역설이 담긴 것입니다. 나를 온전히 아시는 그분이야말로 우리에게 진정 필요한 것을 주시며 기도를 통해 하느님이야말로 가장 필요한 분이심을 깨닫게 해 주기 때문입니다.

우리가 청하는 사람이 되어야 한다는 것은 바로 우리 자신을 위해서입니다. 청하려 하지도 않고 청하는 것이 필요하지 않다고 여기는 사람은 자기 안에 갇히고 맙니다. 청하는 사람만이 마음을 열고 모든 선의 근원이신 분께 돌아설 수 있습니다. 기도는 진정 하느님만이 나에게 진리와 참된 행복을 가져다주실 분임을 깨닫게 하는 소중한 선물입니다. 청원 기도를 바치면서 그것이 이루어질지 여부에 초점을 두지 마세요. 청원 기도 자체가 오히려 나를 알게 하고, 또 나에게 하느님이 누구이신지 깨닫게 하는 만남의 자리임을 꼭 기억하길 바랍니다.

모든 고민은
관계에서 비롯된다

　최근 가장 감명 깊게 읽은 책을 뽑으라면 《미움받을 용기》라는 책이라고 말하고 싶습니다. 우리에게는 조금 생소한 '아들러 심리학'을 통해 우리가 고민하는 많은 부분을 일상의 언어로 풀어 주려 했던 이 책을 읽으면서 몇 번이고 책을 덮고 깊은 생각에 잠겼던 기억이 납니다. 그중 "모든 고민은 인간관계에서 비롯된다."라는 아들러 심리학의 단언은 책을 읽고 난 후에도 제 마음에 깊은 흔적을 남겨 두었습니다. 생각해 보면 신부가 되어 고해성사를 집전하면서 신자들에게 들었던 내용은 대부분 인간관계의 어려움에서 출발했습니다. 사랑하는 가족임에도 사랑하지 못해 미안한 마음, 가장 가까운 친구를 배반하고 질투했던 마음, 함께 일하는 사람들에게서 느끼는 열등감과 우월감, 이웃에게 사랑을 실천하려고 노력하지만, 자신의 나약함 앞에 무릎 꿇고 눈물을 흘렸던 신자들의 고백을 기억합니다. 혹시 여러분도 인간관계로 인한 고민에 잠겨 있지는 않나요?

인간은 결코 혼자 살아갈 수 없는 존재이지만, 오늘날 세상은 끊임없이 인간을 개인주의에 빠져 살게 만듭니다. 저는 이 개인주의의 뿌리가 온 세상 모든 만물이 서로 유기적으로 연결되어 있으며 상호 의존적이라는 하느님의 창조질서를 거부하며 생기는 결과라고 생각합니다. 과학의 발전이 가져다 준 업적을 무시하자는 건 아니지만, 과학만을 맹신하면서 인간은 스스로 세상을 창조할 수 있다고 믿게 되었습니다. 이러한 세계관은 무언가를 만들어 내지 못하는 인간, 발전을 이루지 못하는 인간은 쓸모없다고 낙인 찍습니다. 이렇게 효율성으로만 인간 존재를 바라보게 되면 인간은 소모되어야 하는 하나의 도구로 전락할 뿐입니다. 인간을 도구로 간주하는 이 세상에서 삼위일체의 신비는 우리가 하느님의 창조물로서 어떻게 서로 조화를 이루며 살아가야 하는지 알려 줍니다.

그리스도인들이 믿는 하느님은 삼위일체 하느님이십니다. 여기서 삼위일체란 세 가지 위격을 지니지만 여전히 한 분이신 하느님을 의미합니다. 인간의 이성으로는 이해하기 힘든 이 믿음을 어떻게 받아들여야 할까요? 이에 대한 대답은 삼위 하느님께서 누리시는 사랑의 '관계'에서 그 실마리를 찾을 수 있습니다. 성부와 성자와 성령은 대립의 관계가 아닌 사랑의 관계로 '하나'이십니다. 성부 안에 성자와 성령이, 성자 안에 성부와 성령이, 그리고 성령 안에 성부와 성자가 우열 없이 사랑으로 일치를 이루고 있다는 뜻입니다. 이렇게 온전히 '하나'를 이루는 삼위의 관계는 궁극적으로 하느님의 모든 창조물이 살아가야 할 참된 친교의 모습을 보여 줍니다.

"모든 고민은 인간관계에서 비롯된다."라는 아들러의 말은 우리의 삶 근저에 삼위일체 하느님께서 이루시는 사랑의 친교가 자리 잡아야 함을 상기시켜 줍니다. 자기 자신에게만 점점 몰두하며 살아가게 만드는 오늘날, 십자가를 그을 때마다 삼위일체이신 하느님께서 보여 주신 사랑의 일치를 떠올려 봅시다. 그리고 일치를 이루시는 하느님의 모습을 닮아 다른 이들과 사랑으로 하나가 되고자 노력해 봅시다.

우리 애가 이 험한 세상을
어떻게 살아갈 수 있을까요?

가끔 예전 본당에서 함께 청년 활동을 했던 신자들을 만날 때가 있습니다. 이제는 다들 결혼해서 아이 한 명, 두 명을 데리고 저를 만나러 옵니다. 놀랍도록 부모의 모습을 빼닮은 아이를 바라보고 있으면 저도 모르게 흐뭇한 미소를 짓게 됩니다. 이렇게 만난 신자들과 이런저런 이야기를 나누다 보면 꼭 언급되는 주제가 있습니다. "신부님, 우리 애가 이 험한 세상을 어떻게 살아갈지 참 걱정입니다." 맑디맑은 아이의 눈을 바라보면 너무나 행복해지면서도 아이가 이겨 내야 할 세상의 수많은 어려움을 떠올리면 부모들은 자연스레 답답해지나 봅니다. "이 죄 많은 세상 속에서 사랑을 나눌 줄 알고 그래서 사랑받는 아이가 되었으면 좋겠어요." 아마 모든 부모의 공통된 생각이 아닐까요?

창세기 2장과 3장을 보면 아담과 하와가 하느님께서 주신 자유 의지를 남용함으로써 하느님의 계명에 불순종했다는 내용이 나옵니다. 이 불순종의 결과는 온 인류에게 씻을 수 없는 상처로 남게 되었습니다. 그리하여 인간은 죄에 기울어지는 성향을 지니게 되었고 또 죄의 결과로서 죽음이 인류 역사 안으로 들어오게 되었습니다. 이를 '원죄'라고 합니다. 그런데 이 원죄에 관해 이야기하면 많은 신자들이 '난 잘못도 없는데 무슨 죄를 물려받는다는 거냐?'라고 반문합니다. 여기서 말하는 '죄'는 누구나 타고나는 인류의 비구원적인 '상태'를 말합니다. 다시 말해 원죄란 하느님과 완전한 친교를 누리기 위해 창조 때의 모습을 회복하는 구원이 필요한 상태를 뜻하는 것입니다. 이를 《가톨릭 교회 교리서》는 더욱 분명하게 표현합니다. "원죄는 '범한' 죄가 아니라, '짊어진' 죄이며, 행위가 아니라 상태이다."(404항)

이처럼 원죄에 관한 교리는 우리를 죄인으로 낙인찍는 부정적인 교리가 아니라 오히려 하느님의 구원이 필요한 인간의 상태를 깨닫게 해 주는 선물입니다. 죄로 기우는 인간의 나약함을 벗어나 하느님과 누렸던 원초적 의로움의 상태로 되돌려 주시기 위해 예수님께서는 십자가에 못 박혀 돌아가셨습니다. 아담의 불순종으로 죄가 들어왔다면, 인간을 구원하시려는 하느님의 뜻에 순종하심으로써 예수 그리스도께서는 우리를 죄에서 해방하셨습니다.

"죽는 날까지 하늘을 우러러 한 점 부끄럼이 없기를, 잎 새에 이는 바람에도 나는 괴로워했다." 일본이라는 거대한 권력과 불의 앞에 아무것도 할 수 없는 자신의 초라한 모습을 부끄러워하는 윤동주 시인의 고결한 마음 앞에 숙연해집니다. 원죄에 관한 교리를 단순히 '죄가 어떻게 우리에게 전해졌냐'는 관점에서 바라본다면 그 본질적인 의미를 놓칠 것입니다. 오히려 인간이 지닌 나약함, 하느님 앞에서 바라본 우리 자신에 대한 솔직한 성찰을 통해 하느님의 은총이 우리에게 얼마나 필요한지 깊이 체험하는 것, 그것이 원죄의 교리를 통해 우리가 되새겨야 할 핵심입니다.

죽었다가 살아난 사람들도
예수님처럼 부활하나요?

　어느 날 머리를 손질하기 위해 본당 신자가 운영하는 미용실을 찾아갔습니다. 잠시 자리에 앉아 기다리며 이런저런 이야기를 나누던 중, 자매님이 제게 물었습니다. "신부님, 얼마 전 TV를 보니까, 죽었다가 살아난 사람들이 나와서 천국에 대해 증언하던데 그 사람들도 예수님처럼 부활한 건가요?" 사실 적지 않은 신자들이 임사臨死 체험에 관한 이야기를 듣고 와서 비슷한 질문을 던질 때가 있습니다.

　분명한 것은 예수님의 부활은 죽은 자들이 다시 살아난 '소생'과는 전혀 다르다는 사실입니다. 소생蘇生 혹은 회생回生은

잃었던 생명을 다시 얻게 되었음을 뜻합니다. 쉬운 예로 예수님께서 사랑하셨던 라자로는 예수님에 의해 다시금 생명을 되찾은 사람입니다(요한 11장 참조). 그런데 다시 살아난 라자로가 2천 년이 지난 지금도 계속 살아 있나요? 아닙니다. 라자로는 생명을 되찾았지만, 유한한 생명이 다하여 죽음을 맞이했습니다. 하지만 부활하신 예수님께서는 다시 죽지 않으셨습니다. 아니 더는 죽음이 그분의 생명을 지배할 수 없었습니다. 예수님의 부활은 결정적으로 죽음을 극복한 사건으로 영원히 불멸하는 천상 생명으로 들어감을 의미합니다. 다시 말해 소생은 또 다른 죽음을 기다려야 하지만 부활은 죽음이 없는 하느님의 영원한 생명에 참여함을 말하는 것이지요.

교회는 예수님의 부활한 육신은 성부의 신성한 영역에 속하게 되었다고 가르칩니다. 물론 부활하신 주님은 부활 이전에 수난과 죽음을 겪으신 예수님과 같은 분이셨습니다. 그래서 예수님께서는 제자들에게 당신의 손과 발, 옆구리의 상처를 보여 주시고, 토마스 사도에게는 그 상처에 손가락을 넣어 보라고까지 하셨던 것입니다. 그럼에도 그분의 부활한 육신은 이제 우리와 같은 차원에 머물러 있지 않았습니다. 다락방 문이 잠겨 있었음에도 제자들 가운데 나타나셨던 것처럼, 엠

마오로 가던 두 제자들과 함께 빵을 쪼갤 때 그들 앞에서 사라지신 것처럼, 그분의 육신은 더는 이 세상의 시간과 공간에 얽매여 있지 않습니다. 예수님의 부활은 현세적 삶으로의 귀환이 아니라 하느님의 영역으로 들어감을 뜻하는 것입니다.

이렇게 예수 그리스도께서 보여 주신 부활이 그리스도인들에게 신앙의 핵심이 되는 이유는 무엇일까요? 그분을 주님이라 믿고 고백하는 이들에게는 죽음이 마지막이 아니라 영원한 생명으로 넘어가는 순간이기 때문입니다. 우리의 삶이 죽음으로 끝난다면 우리의 육체적 활동뿐 아니라 꿈을 이루기 위해 노력하는 모든 것은 무의미할 것입니다. 하지만 예수님께서는 우리에게 죽음이 끝이 아니라는 사실을 당신 부활로 보여 주셨습니다. 우리가 누리게 될 부활은 하느님께서 주시는 영원한 생명에 참여하는 것입니다. 그 때문에 우리는 예수님의 가르침을 충실히 따르며 부활을 희망하는 것이지요. 마치 죽은 애벌레의 고치로부터 하늘을 날아오르는 나비처럼, 그리스도인이 자신의 주어진 삶을 충실히 살아간다면, 죽음 너머에 마련된 영원한 생명에 참여하게 될 것입니다.

우리에게 부활은 어떤 의미인가요? 예수님께서 보여 주신 부활을 우리도 입게 될 것이라는 희망으로 살고 있나요?

신앙이라는 선물

성탄절이면, 한 해 동안 착한 일을 많이 한 아이에게 산타 클로스 할아버지가 몰래 머리맡에 선물을 놓고 간다는 이야기는 어른이 된 지금도 설레는 마음으로 선물을 기다리게 합니다. 그런데 오늘날 성탄절에 주고받는 선물은 그 본연의 모습을 잃어 가는 듯합니다. 요즘 "넌 성탄 선물로 뭘 받고 싶어?"라고 미리 물어보며 선물을 주는 모습을 자주 보게 됩니다. 심지어 마음에 들지 않는 선물, 아니면 이미 갖고 있는데 또 선물로 받아 쓸모없게 된 선물을 교환해 주는 인터넷 사이트도 생긴 것을 보면 선물이 주는 본연의 의미가 조금은 퇴색한 것은 아닌지 생각하게 됩니다.

사실 선물은 '우리의 생각을 넘어서는 상대방의 사랑'이라

할 수 있습니다. 선물을 주는 사람은 받을 사람을 생각하며 신중하게 선물을 준비합니다. '와, 이 목도리, 아내에게 정말 잘 어울리겠다!', '저번에 보니까 엄마 장갑이 너무 낡았던데, 예쁜 장갑 하나 사 드려야겠다.' 반대로 선물을 받는 사람은 '우리 남편이 뭘 해 줄까?', '우리 딸이 어떤 선물을 준비했을까?' 하는 궁금증에 목이 탑니다. 이렇게 선물이 갖는 본연의 의미는 내가 원하는 것을 넘어서서 나에게 필요한 것을 '무상으로 받는 것'입니다. 그래서 신앙을 하느님께서 우리에게 주시는 '선물'이라고 표현하는 것입니다.

신앙이라는 선물은 '내가 원하는 것'을 넘어서 '순전히' 하느님의 뜻에 따라 주어지는 것입니다. 우리가 무언가를 잘해서 또는 어떤 노력의 대가로 받는 것이 아닙니다. 바로 예수님을 알고 사랑하는 삶, 구원을 위해 필요한 초자연적인 행복을 누리는 삶, 그래서 이 세상에서의 축복을 넘어서 하느님 나라에서 누리게 될 기쁨을 미리 맛보는 삶이 신앙이며 이 모든 것은 거저 주어지는 선물입니다. 즉 우리를 사랑하시는 하느님께서 당신과 친밀한 관계를 맺도록 당신 자신을 스스로 우리에게 내어 주신 선물이 바로 신앙입니다.

우리는 신앙이 '하느님과의 친밀한 관계로 들어감'이라는 것도 기억해야 합니다. 즉 신앙은 물건을 받고 끝나는 일회적인 사건이 아니라 그분의 말씀을 듣고 기도하면서 그분과의 관계가 더욱 돈독해지는 지속적인 상태를 말합니다. 사실 신앙을 선물로 받은 우리는 하느님을 알고 그분과의 관계가 깊어질수록, 그분의 사랑을 깨닫고 그분께서 원하시는 것을 하고자 변화하게 됩니다. 그래서 우리에게 무엇이 필요한지를 식별하게 되며 그분의 뜻이 우리 안에 이루어지기를 진심으로 청할 수 있는 것입니다. 우리는 신앙이라는 선물을 어떻게 받았나요? 하느님께서 내가 원하는 것을 주지 않으셨다고 선물을 내버리거나 아니면 장롱 깊은 곳에 방치해 두고 있지는 않나요?

일상에서 배우는 기도

제가 아는 청년 중 '아기 코끼리 덤보'라는 별명으로 불리는 청년이 있습니다. 이 별명은 '남의 이야기를 너무 쉽게 잘 믿는다'는 뜻으로 '귀가 얇다'는 것을 좀 과장되게 표현한 것이지요. 좋은 뜻으로 해석하면, 타인의 다양한 의견을 듣고 올바른 결정을 내리기 위해 숙고하는 태도로 볼 수 있지만, 사실 결정은 자기 자신이 내리는 것임에도 불구하고 자신의 내면과 충분히 대화하지 않은 채 타인의 결정에 의존하는 경향을 '귀가 얇다'고 표현할 수 있습니다. 문제는 그렇게 다른 이들의 의견에 따라 선택함으로써 결과를 온전히 받아들이지 않고 회피 혹은 후회를 할 때 생겨납니다.

여러분은 중요한 선택을 앞두고 어디에서 영감을 얻나요? 그 영감을 주는 깊은 샘이 바로 복음을 통해 우리에게 다가오시는 예수님이 되기를 바랍니다. 예수님과 제자들, 예수님의 가르침과 행동, 이 모든 것은 나의 삶 속에서 벌어지는 수많은 사건과 만남을 위한 밑거름이 됩니다. 예를 들어 볼까요? 대학에서 기말 과제로 조별 프레젠테이션을 진행하는 가운데 내가 책임을 맡게 되었다고 가정해 봅시다. 조에는 얌체 같은 사람도 있고 또 열심히 준비하는 사람, 독불장군처럼 자신의 의견만 주장하는 사람과 같이 다양한 사람들이 모여 있겠지요. 그러면 책임자는 '어떻게 해야 이들을 한마음으로 모아 과제를 충실하게 마무리할 수 있을까?' 하고 고민할 것입니다. 이때 제자들의 발을 닦아 주며 낮은 이의 모습으로 사랑할 것을 가르쳐 주신 예수님을 떠올릴 수 있습니다. 예수님과 가까워지고 그분을 닮고자 하는 사람은 예수님께서 보여주신 모습으로 자신이 손해를 보더라도 희생과 봉사를 실천할 수 있도록 주님께 지혜와 도움을 청할 것입니다.

"신부님은 세상을 몰라도 너무 몰라요. 그렇게 살다간 평생 바보처럼 살아갈 뿐이에요." 아마 이렇게 말하고 싶은 분이 많을 것입니다. 맞습니다. 저는 바보입니다. 더 바보가 되기 위해 사제가 되었습니다. 주님이신 우리 예수님께서 바보가 되셨기 때문입니다. 비록 현실은 변하지 않더라도, 예수님의 마음을 닮고자 할 때 조별 과제를 수행하는 과정 속에서 생기는 불편한 마음 안에 흔들리지 않는 평화가 깃들 것이라 믿습니다.

예수님과 하나가 되기를 바라는 사람은 자기가 만나는 이들, 심지어 자기를 미워하고 거부하는 이들을 있는 그대로 받아들입니다. 그리고 모든 근심을 주님께 맡깁니다. 그럼으로써 자기 안에 더 많은 평화를 지니게 되고 그 평화의 기운을 발산합니다. 또한 끊임없이 '예수님이라면 지금 어떻게 행동하실까?'라고 생각하며 예수님의 마음으로 판단하고 결정합니다. 이렇듯 우리가 기도를 통해 예수님과 하나가 되고자 하는 마음은 우리 삶의 모든 일 앞에서 예수님의 마음으로 세상을 보고, 이웃을 보며, 나 자신을 볼 수 있게 해 줄 것입니다. 이런 의미에서 우리의 삶 전체는 하느님을 닮아 가도록 이끌어 주는 하나의 커다란 기도가 될 것입니다.

성모님께서는 우리에게 기도하는 법을 가르치십니다.

기도는 우리의 욕구를 충족하기 위해 하는 것이 아닙니다.

기도는 주님께 우리를 맡기는 것이고, 우리 안에서

그분께서 기도하시도록 그분을 가만히 모시는 것입니다.

— 요한 바오로 2세 성인 교황

친한 누군가와 하는 대화처럼

청년들과 함께 피정을 할 때의 일입니다. 피정 프로그램 가운데 제 눈길을 끈 나눔 주제가 있었습니다. 바로 '가족'입니다. 이 주제에 관하여 한 청년이 진솔하게 해 준 나눔이 생각납니다. "어릴 때는 엄마랑 아빠랑 있는 시간이 참 많았는데……. 대학에 다니면서 친구들이 좋고 또 공부 스트레스라는 핑계로 집에 있는 시간이 줄어드니까 점점 부모님과 사이가 어색해지더라고요. 대학을 졸업하고 직장에 다닐 때는 바쁘다는 핑계로 함께하는 시간이 더욱 줄어들었고, 겨우 얼굴을 마주칠 때면 직장에서 받은 스트레스 때문에 자주 화를 내고 짜증을 내는 제 모습을 발견하게 돼요. 항상 가까이에서 함께해 주셨기 때문에 가족들이 보여 주는 사랑과 헌신이 당연하다고만 여겼던 것 같아요. 아, 정말 우리 가족들을 사랑하는데 어떻게 해야 할지 모르겠어요. 특히 아빠랑 함께 있는 것이 너무 어색하고 힘들어요. 예전에는 아빠랑 있는 게 참 행복했는데…….”

　초대 교회의 신자들이 정해진 시간에 기도했듯이 우리도 규칙적으로 기도해야 합니다. 규칙적이어야 하는 이유는 기도가 단지 해치워야 하는 의무가 아니라 하느님과 우리 사이에 맺어진 사랑의 관계를 더욱 성숙하게 하는 선물이기 때문입니다. 사랑의 관계란 서로를 향한 지속적인 움직임입니다. 그리고 이 움직임은 단지 머리로만 생각하는 것에 그치지 않고 눈으로 보고 손으로 만지며 입으로 표현하는 '나'란 존재의 온전한 전달을 통해 가능합니다. 각자의 절친이나 친한 선배, 후배를 떠올려 볼까요? 그들을 처음 만날 때는 정말 어색했습니다. 누구도 처음부터 친할 수는 없습니다. 조금씩 그 사람과 시간을 공유하고 생각을 나누며 그 사람의 마음이, 그리고 나의 마음이 서로 전해지면서 그 사람과 사랑의 관계를 맺는 것입니다. 앞서 나눔을 해 준 청년이 아버지와 친해지기 위해서는 아무리 어색해도 아버지와 자주 시간을 보내야겠지요. 다른 특별한 방법은 없습니다.

  기도도 마찬가지입니다. 어떻게 기도해야 할지 몰라 처음에는 어색한 말로 기도를 꾸며 갔지만, 정해진 시간, 될 수 있는 대로 같은 자리에서 꾸준히 하느님께 기도한다면 우리는 마치 친한 누군가와 대화하듯 기도할 수 있습니다. 이런 의미에서 우리의 하루를 하느님 안에서 만드는 '삶의 기도'로 만들어 봅시다. 아침에 일어날 때마다 하느님께 하루를 봉헌하고, 그분의 축복을 빌며, 그 날의 모든 만남과 어려움 속에 그분께서 함께하시기를 청해 보세요. 그리고 하루가 저물면 모든 것을 하느님께 맡기고 그분께 용서를 빌며 자신과 다른 이들을 위해 평화를 청해 보세요. 그러면 하느님 마음에 드는 수많은 모습으로 가득 찬 멋진 나날을 보내게 될 것입니다.

어떤 선택을 해야 할까

　인생을 살아가면서 우리는 수많은 선택의 기로에 서게 됩니다. '어떤 옷을 입을까?', '무엇을 먹을까?' 매일의 시간을 살아가며 소소하게 주어지는 선택뿐만 아니라 '어느 전공을 택해야 하지?', '어떤 직장이 나에게 가장 적합할까?'라는 인생의 중요한 선택도 있습니다. 이럴 때 우리는 가능한 많은 정보를 수집하여 분석하고, 또 선배나 친구, 그리고 부모님의 의견을 통해 선택을 내리지요. 하지만 아무리 정보가 많고 좋은 의견이 있다 해도 '정말 이 선택이 내게 도움이 되는 것일까? 내가 좋아서 하는 것일까?' 하며 주저하게 됩니다. 여러분은 그럴 때 어떻게 결정을 내리나요?

여기 소위 '엄친아'라고 할 수 있는 한 사람이 있습니다. 그는 좋은 교육을 받았고 사회에서도 높은 위치에 있었기에 사람들로부터 존경을 받았습니다. 그런 그에게 뜻하지 않은 시련이 닥쳐옵니다. 자기가 옳다고 선택한 일이 도리어 화살이 되어 자신이 쌓아 온 모든 것을 무너뜨렸습니다. 어찌해야 할 바를 모른 그는 도망을 쳤습니다. 아무도 찾을 수 없는 광야로……

이 사람은 바로 구약의 '모세'입니다. 모세는 파라오의 박해를 피해 강물에 버려졌지만 하느님의 섭리로 파라오 왕궁에서 자라며 당대 최고의 교육을 받고 경제적 부를 누리며 자랐습니다. 그런 그가 자신이 옳다고 생각해서 한 행동으로 인하여 이집트 사람들로부터, 심지어 자신의 동족인 히브리 사람들로부터 버림을 받습니다. 살아가는 동안 실패라는 것을 한 번도 경험하지 않은 모세는 그 두려운 현실 앞에서 도망을 쳤고 광야에서 양을 치는 목동이 되어 살아갑니다.

과연 모세는 광야에서 무슨 생각을 하며 살았을까요? 화려했던 자신의 삶을 그리워하며 현실을 부정하고 저주했을지도 모릅니다. 하지만 분명한 것은 광야에서 머문 40년이란 시간이 과거의 외적인 화려함에서 벗어나 자신의 내면에서 들리는 하느님의 목소리를 듣도록 이끌었다는 사실입니다. 그 시간은 정화의 시간이었습니다. 이 시간을 통해 하느님께서는 온전히 당신의 사람으로, 당신의 뜻을 수행하도록 모세를 기르셨습니다. 그리고 때가 되어 불타는 떨기나무에서 당신을 드러내신 하느님께서는 모세에게 당신 백성을 종살이에서 해방시키는 사명을 맡기십니다. 그 사명을 수행하기 위해 모세는 끊임없이 하느님과 대화를 나누었습니다. 두렵고 떨릴 때에도, 백성들이 하느님의 뜻을 저버리고 잘못된 길로 가고 있을 때에도, 모세는 하느님과 대화를 나누며 마지막까지 백성들을 약속의 땅으로 이끕니다.

모세가 하느님께 신뢰를 표현하고 전적으로 하느님의 도구가 된 것처럼, 우리도 그렇게 기도해야 합니다. 끊임없이 하느님과 친밀한 대화를 나누었던 모세의 기도를 통해 우리가 배울 수 있는 것은, 어떠한 선택이든 그 선택에 앞서 하느님께서 지금 나에게 바라시는 것이 무엇인지 귀 기울이고 또 그분을 통해 올바른 길을 갈 수 있는 힘과 용기를 청하는 것입니다. 인생의 중요한 선택의 기로에서 기도는 하느님과 함께 걸어갈 수 있도록 이끌어 주는 가장 밝은 등대입니다.

내 죄는 이 여자를 만나고 사랑하고
남겨 두고 떠나는 것입니다

많은 사람들에게 진한 감동을 주었던 〈약속〉이란 영화가 있습니다. 조폭 두목이었던 공상두(박신양)와 여의사 채희주(전도연)의 슬픈 로맨스를 담은 영화이지요. 이 영화의 절정은 곧 감옥에 가게 될 공상두가 채희주를 성당에 데려가 결혼식을 올리는 장면입니다. 공상두는 제대 앞에 서서 눈물을 흘리며 여자의 손을 잡고 말합니다. "당신께서 내 죄가 뭐냐고 물으신다면, 이 여자를 만나고, 사랑하고, 혼자 남겨 두고 떠난다는 것이 가장 큰 죄일 것입니다." 이렇게 결혼을 한 후, 공상두는 자수를 하고 감옥에 갇히게 됩니다. 자, 이 장면에서 큰 오류가 하나 있는데 무엇일까요? 공상두와 채희주가 맺은 혼인은 교회법적으로 유효한 혼인일까요? 아닙니다. 그럼 이 혼인이 교회법적으로 왜 성립될 수 없는지 살펴볼까요?

혼인성사는 어떻게 성립될까요? 혼인성사는 신랑과 신부가 하느님과 교회 앞에서 서약함으로써 성립합니다. 교회 안에서 혼인 예식을 거행할 때, 교회의 합법적인 권한을 받은 성직자는 혼인 당사자들과 증인들을 제대 앞으로 불러 자유로운 마음으로 혼인을 하는지 묻습니다. 또 혼인을 통한 서로의 권리와 의무를 분명하게 인지하는지, 즉 서로 신의를 지키며 자녀를 받아들여 양육할 용의가 있는지 묻습니다.

이러한 질문이 끝나면 사제는 신랑과 신부에게 혼인 서약을 할 것을 청합니다. 그러면 신랑과 신부는 "나는 당신을 아내(남편)로 맞아들여 즐거울 때나 괴로울 때나, 성할 때나 아플 때나 일생 신의를 지키며 당신을 사랑하고 존경할 것을 약속합니다."라는 말로써 합의합니다. 이 합의 후에 사제는 "주님께서는 두 분이 교회 앞에서 고백한 이 합의를 당신 은혜로 확고하게 하시고, 두 분에게 복을 가득 내리실 것입니다. 하느님께서 맺으신 것을 사람이 풀지 못합니다."라고 말하며 신랑 신부의 합의를 받아들입니다. 아울러 사제는 교회 공동체 모두가 이에 대한 증인이 될 수 있도록 "주님을 찬미합시다."라고 청하며 참석자 모두는 "하느님 감사합니다."라는 말로 응답합니다. 그리고 증인은 미리 마련된 혼인 문서에 이들의 혼인이 합법적으로 이루어졌음을 증언하는 표현으로 서명을 합니다.

아주 간단한 예식처럼 보이지만 여기에는 중요한 요소들이 자리 잡고 있습니다. 먼저 혼인 합의는 강요나 외부의 폭력 혹은 심한 공포로 속박을 받아서는 안 되고 온전히 자유로운 마음으로 합의해야 합니다. 이러한 자유가 없다면 그 혼인은 무효가 됩니다. 아울러 교회의 성직자와 증인의 입회 아래 예식을 거행하는 이유는 혼인이 단순히 두 사람만의 행위가 아니라 교회적 행위임을 보여 주는 것이며 동시에 눈에 보이는 방식으로 드러내는 것을 뜻합니다. 그러므로 성직자의 주례와 증인이 없었던 앞서 영화에서의 결혼식은 교회법적으로 무효가 되는 것입니다.

그런데 여기서 중요한 요소가 하나 더 있습니다. 신랑 신부를 결합시키는 혼인 합의는 두 사람이 "한 몸"(창세 2,24)을 이룸으로써 완결된다는 사실입니다. 즉 교회 공동체 앞에서 완전히 자유로운 마음으로 합의한 두 사람의 혼인은 한 몸을 이루는 육체적 결합으로 완성됩니다.

  요즘 주례자 없이 하는 간략한 결혼식이 젊은이들 사이에 유행이라고 합니다. 물론 지나친 허례허식으로 결혼식 자체를 부담스럽게 만드는 예식은 문제가 될 수 있겠지만, 가톨릭 신자로서 우리의 아버지이신 하느님의 축복과 교회 공동체의 축복 안에서 결혼하는 것은 의무이며 또한 권리입니다. 혼인에 관한 교회법은 결코 신자들을 괴롭히기 위해 마련된 것이 아닙니다. 오히려 하느님의 은총 안에서 참된 혼인의 삶을 살아가도록 이끌어 주는 것임을 꼭 기억하길 바랍니다.

독백이 아닌 진정한 대화

"신부님, 저는 성당에 와도 기쁨을 느낄 수가 없어요. 제가 무슨 이야기를 해도 사람들이 제 이야기에 귀 기울여 주지도 않고 다 저를 왕따시키는 것 같아요." 저는 '왕따'라는 말에 화들짝 놀랐습니다. 게다가 늘 밝은 모습으로 함께했던 청년이었기에 더욱 놀랐습니다. 저는 어떤 상황 속에서 그런 느낌을 받았는지 조심스레 되물었습니다. 그 청년은 정신없이 자신의 이야기를 쏟아 냈고 저도 나름 반응을 보이며 그 친구 스스로 무엇이 문제인지를 발견하도록 하기 위해 애를 썼습니다. 그런데 대화를 나누는 내내 제 안에서 불편함이 차오르고 있음을 느낄 수 있었습니다. 왜냐하면 그 친구와의 대화가 너무 일방적이라는 느낌을 받았기 때문입니다. 저는 제 나름의 느낌을 표현하고자 몇 가지 질문을 던졌지만, 그 질문과는 상관없이 다른 친구들에 대한 아쉬움, 질투, 비난만 계속 털어놓았습니다. 대화를 지속할 수 없다는 생각에 일단 함께 기도를 바치고 이런 마음이 계속되면 다시 한번 찾아와 달라고 이야기한 후 만남을 마무리했습니다.

얼마 후, 그 청년이 다시 찾아왔습니다. 저는 그 청년이 이야기한 따돌림이 어디에서 비롯되는지 조금은 느낄 수 있었습니다. 그동안 단체 안에서, 사람들 사이에서 지내는 청년을 조용히 지켜봤던 저는 그 청년에게서 큰 걸림돌 하나를 발견했습니다. 바로 타인을 배려하지 못한 채 오로지 자기 생각만을 전하는 대화 방식이었습니다. 저는 그 청년과의 두 번째 만남에서 그 청년이 보였던 모습을 그대로 보여 주었습니다. 저 혼자 신이 나서 실컷 떠들었습니다. 중간중간 이야기를 끊고 자신의 이야기를 하려는 청년의 입을 막고 제 이야기를 막 풀어 놓았습니다. 한참이 지난 후 그 청년에게 물었습니다. "지금 느낌이 어때?" 구체적으로 표현은 안 했지만, 얼굴에 이미 혼자만 떠드는 제가 못마땅하다는 느낌이 가득 담겨 있었습니다. 저는 이렇게 말을 이어 갔습니다. "지금껏 내가 말한 것은 마치 네가 없다는 듯, 나 혼자 떠든 독백에 불과

해. 내가 내 이야기를 먼저 하기보다 너의 말에 먼저 귀 기울일 때, 그때 비로소 우리 안에서 진정한 대화가 시작될 거야."

기도는 일종의 독백일까요? 대답은 간단합니다. 기도는 결코 독백이 아닙니다. 왜냐하면 기도는 자기중심적 태도에서 벗어나 개방적인 마음을 통해서 시작되고 '나'에게서 '하느님'에게로 그 중심을 옮기며 완성되기 때문입니다. 우리가 기도를 독백이라고 느끼는 것은 일상생활 속에서도 올바르게 대화하지 못하기 때문입니다. 대화란 '나' 아닌 '다른 이'와 인격적으로 만나는 것입니다. 내가 말했으면 상대방의 의견도 들어야 합니다. 상대방이 무슨 이야기를 하고 또 나의 이야기에 어떻게 반응하는지 작은 모습까지도 집중하며 '경청'할 때야 비로소 나의 이야기가 그에게, 또 상대방의 마음이 나에게 온전히 전해질 수 있습니다. 기도할 때 서둘러 말을 쏟아 내려 하기 전에 주님께서 나와 함께 계심을 믿고 그분의 현존을 온 마음으로 느껴 보세요. 그러고 나서 그분께 이야기를 시작해 보세요. 그분께서 무슨 말씀을 하고 싶으실까, 무엇을 원하실까 차분히 귀 기울여 보세요. 말하기보다 듣기가 더 편안해질 때 비로소 성숙한 기도를 바칠 수 있게 될 것입니다.

간절한 기다림의 시간

우리는 삶 속에서 많은 기다림의 시간을 갖습니다. 새로운 생명을 잉태한 엄마는 아이를 만나기 위해 9개월이 넘는 시간을 기다리며 아이가 건강하게 태어날 수 있도록 좋은 음식을 먹고 아름다운 노래를 들려주며 잔잔히 책을 읽어 줍니다. 아빠 역시 아이가 세상에 나와 해맑게 웃을 날을 기다리며 힘들고 지쳐도 한 번 더 웃으며 어깨를 펴고 살아갑니다. 오랜 시간 준비해 온 시험을 보고 결과를 기다리는 수험생은 떨리고 설레는 마음으로 날짜를 셉니다. 군대에 간 아들의 첫 휴가를 기다리며 아들의 사진첩을 열어 보는 엄마의 기다림은 우리의 마음까지 따뜻하게 만듭니다. 여러분은 지금 무엇을 간절히 기다리고 있나요?

구약의 이스라엘 백성은 하느님의 약속대로 하느님으로부터 기름부음을 받은 구세주를 기다렸습니다. 그 당시 하느님의 말씀을 전하는 예언자, 하느님께 제사를 봉헌하는 대사제, 그리고 하느님 백성을 다스릴 임금을 뽑아 세울 때, 머리에 기름을 붓는 의식을 거행했습니다. 하지만 이스라엘 백성은 다윗 임금 이후 신망이 두터운 왕을 만나지 못했습니다. 이런 상황 속에 예언자들은 다윗 가문의 후손 가운데 온전히 하느님의 뜻을 실현하는 이상적인 왕이 올 것임을 예언했고 백성들은 자신들을 구원할 임금을 기다렸습니다. 바로 메시아를 말이지요.

이스라엘 백성은 그토록 기다려왔던 메시아를 예수님의 모습에서 발견하게 됩니다. 그런데 예수님은 그들이 기대했던 메시아와는 전혀 달랐습니다. 마치 전쟁에서 돌아온 개선장군처럼 화려하게 등장할 줄 알았던 메시아는 베들레헴의 마구간 작은 구유에 누운 나약한 인간, 갓난아이로 나타났습니다. 나아가 무력하게 인간의 손에 잡혀 매 맞으며 조롱을 받고, 결국은 인간의 손에 죽임을 당했습니다. 그토록 기다려 온 메시아가 이토록 초라하고 무능하다니, 그래서 사람들은 그분을 메시아로 알아보지 못합니다. 아니 받아들일 수 없었습니다.

 하지만 이런 메시아 안에서 하느님의 무한한 사랑과 권능을 깨달은 사람들이 있었습니다. 태초의 아담과 하와 이래 죄와 죽음 아래 놓이게 된 인간. 이런 인간을 구원하기 위해 하느님 아버지께 순종하시며 인간의 죄를 대신 짊어지신 예수님. 그래서 죽음이 끝이 아니라 새로운 삶으로 옮겨 가는 부활의 시작이라는 사실을 보여 주신 주님. 그리스도인들은 그런 예수님을 이스라엘이, 아니 온 인류가 기다려온 메시아, 즉 '그리스도'라고 고백합니다. 또한 그리스도인은 예수님께서 마지막 날 하느님 나라가 완성되는 때에 다시 오실 것임을 고백합니다. 바로 지금 우리가 살아가는 교회의 시대는 마지막 날에 다시 오실 메시아를 기다리는 때입니다.

 예수님께서 이 세상에 오셔서 우리를 구원하셨다는 사실을 진정으로 믿고 있나요? 또한 마지막 날 다시 오시어 하느님 나라를 완성하시고 우리를 영원한 생명으로 이끌어 주실 것임을 믿고 충실히 기다림의 시간을 살고 있나요?

견진성사의 은총

신자들에게 견진성사가 어떤 성사인지 물으면 다른 성사와 비교하여 특별한 점이 없는 것처럼 생각해서 그런지 대답을 잘 못하는 경우를 보게 됩니다. 그렇다면 여러분에게 견진성사는 무엇인가요?

견진성사는 세례를 완성하는 성사이며, 이 성사를 통해 우리는 성령의 특별한 은사를 받습니다. 여기서 세례를 '완성'한다는 말은 결코 세례성사 자체가 부족하여 다른 은총이 필요하다는 것을 뜻하지 않습니다. 분명 세례성사를 통해 우리는 하느님의 자녀가 되었고 성령께서 우리 안에 머물고 계십니다. 견진성사는 하느님의 자녀가 된 우리가 성숙한 신앙을 살아갈 수 있도록 세례의 은총을 더하고 굳건하게 해 주는 성사입니다. 견진성사를 통해 우리는 성령께서 주시는 은총을 풍성히 받게 되어 하느님의 사랑과 권능을 말과 행동으로 증언할 힘과 용기를 얻게 되고 또 교회의 완전하고 책임 있는 구성원이 되는 것입니다.

성경을 보면 구약의 예언자들은 기다리던 메시아, 즉 예수 그리스도께 구원 사명을 위한 주님의 영이 내려오실 것이라고 예언했습니다. 예수님께서 요한 세례자에게 세례를 받으실 때 성령께서 그분 위에 비둘기 모양으로 내려오신 것은, 예언자들이 예언했던 그분이 예수님이시고 또 하느님의 아들이며 메시아라는 표징입니다. 그런데 이러한 성령의 머무심은 메시아만이 아니라 모든 하느님의 백성에게 전해질 것임을 예수님께서 약속하셨습니다. 예수님께서는 제자들에게 성령을 보내시겠다고 여러 번 말씀하셨고, 오순절에 이 약속을 분명하게 실현하셨습니다. 사도행전을 보면, 성령을 충만히 받은 사도들은 예수님의 제자였다는 사실로 정치 지도자들과 사람들로부터 비난을 받고 심지어 죽임을 당할 수도 있었습니다. 그럼에도 이에 굴하지 않고 담대히 예수님이 바로 약속된 메시아이시며 하느님의 아들이심을 선포했습니다.

그때부터 사도들은 예수님의 뜻에 따라 사람들에게 물과 성령으로 세례를 베풀었고 성령께서는 복음을 전할 수 있도록 다양한 은사를 베풀어 주셨으며 이는 교회 안에서 성사들을 통해 지속되고 있습니다.

이러한 모습은 견진성사의 예식을 살펴보면 분명하게 확인할 수 있습니다. 견진성사 때 주교는 전체 견진 대상자를 향해 두 손을 펴고 하느님께 성령을 부어 주시도록 청원하는 기도를 바치는데, 이는 사도들이 안수를 통해 성령을 베풀어 주는 모습을 드러냅니다. 그다음 견진 대상자의 이마에 축성 성유를 바르며 각 사람의 이름을 호명합니다. 그리고 안수와 함께 "성령 특은의 인호를 받으시오."라고 말합니다. 성령의 특별한 은총을 전해 주는 인호와 함께 견진 대상자는 그리스도의 참된 증인이 되어 말과 행동으로 신앙을 전파하고 옹호하는 굳건한 하느님의 자녀로 거듭나는 것입니다.

견진성사를 받은 분들은 성령의 은총을 굳게 믿고 그리스도인임을 부끄럽게 여기거나 감추지 않으며 신앙을 당당하게 드러내고 있나요? 견진성사를 받아야 하는 분들이라면 성령의 은총으로 더욱 성숙한 신앙인이 되기를 간절히 희망하고 있나요?

축제의 기억

어린 시절 추석이 되면 할아버지 댁에 모여 모든 가족이 함께 성당에 가서 먼저 세상을 떠난 조상님들을 위해 위령 미사를 봉헌하고 또 집으로 돌아와 연도를 바친 후, 푸짐한 식사를 했던 기억이 납니다. 비록 꽉 막힌 고속도로 위에서 언제 도착하나 한숨만 쉬던 시간이 더 많았지만, 따사로운 햇살 아래 선산에 찾아가 함께 기도하고 벌초도 했던 추억은 제 기억 속에 생생하게 남아 있습니다.

이스라엘 민족에게도 우리와 같이 민족 전체가 움직여야 했던 축제들이 있었습니다. 가장 큰 축제는 하느님께서 이집트에서 종살이하던 조상들을 해방시키고 약속의 땅으로 인도하셨던 사건을 기념하는 '해방절', 즉 '파스카'입니다. 이 축제는 이집트를 탈출하는 급박한 상황에 '누룩이 들지 않은 빵'을 준비했던 것을 기억하며 '무교절'이라고도 부릅니다. 그리고 파스카 축제로부터 50일째 되는 날, 수확한 첫 곡식을 하느님께 제물로 바치는 '오순절', 이스라엘 민족이 가나안 땅에 들어가기 전 광야에서 장막 생활을 한 것을 기념하며 추수를 마친 후 감사를 드리기 위해 곡식을 바치는 '초막절'이 있습니다. 해방절, 오순절, 초막절은 이스라엘 사람들에게 의무 순례 대축제였지요. 특별히 해방절은 다른 어떤 축제보다 경건하고 장엄하게 보냈습니다.

예수님께서는 당신이 이루셔야 했던 구원의 때를 이스라엘의 파스카 축제로 택하셨습니다. 이 날을 택하신 이유는 무엇일까요? 구약을 보면 하느님께서는 모세를 통해 이집트에 열 가지 재앙을 내리셨습니다. 그중 열 번째 재앙은 이집트의 모든 맏이의 생명을 가져가시는 것이었는데, 이 재앙에서 당신 백성을 구하시기 위하여 각 집안의 문설주와 상인방에 어린양의 피를 바르라고 지시하십니다. 하느님께서 보내신 죽음의 천사가 이 표식을 보고 그 집을 '건너가도록' 하셨던 것이지요. 지금도 이스라엘에서는 파스카 식사 때 어린양을 잡아 하느님께서 이루신 구원 업적을 기억합니다. 예수님께서 파스카 축제를 당신 수난과 죽음의 날로 정하신 것은 당신께서 온 인류를 구원하기 위해 희생되신 파스카의 어린양임을 분명하게 드러내기 위해서였습니다. 예수님께서는 우리를 죄의 종살이와 죽음의 권세에서 해방시키기 위해 당신 자신을 희생 제물로 내어놓으신 것입니다.

미사 중 영성체 예식 직전에 사제는 성체를 높이 들고 "보라, 하느님의 어린양, 세상의 죄를 없애시는 분이시니 이 성찬에 초대받은 이는 복되도다!"라고 기도합니다. 예수님께서는 하느님과 인간 사이에 영원한 화해와 친교를 이루시기 위해 당신 자신을 희생 제물로 바친 '하느님의 어린양'이십니다. 그리하여 구약의 이스라엘 백성이 체험한 파스카의 신비를 새롭게 그리고 영원히 완성하는 것입니다. 그래서 바오로 사도는 예수님을 "우리의 파스카 양이신 그리스도"(1코린 5,7)라고 고백합니다.

성체를 받아 모시며 우리를 죄와 죽음에서 구원하신 예수님의 크신 사랑을 기억해야겠습니다. 그리고 예수님을 받아 모심으로써 우리도 예수님처럼 사랑의 희생을 실천하도록 노력해야겠습니다.

용서하겠다는 약속

동료 신부님들과 밤새 사제의 삶에 관해 이야기를 나눈 적이 있었습니다. 신자들을 위해 목숨을 내놓는 것은 무엇인지, 교구의 사제로 살아가면서 우리가 잊지 말아야 할 영성은 무엇인지 풍성한 이야기들로 가득 찬 밤이었습니다. 그러던 중 한 신부님이 정말 아름답고 놀라운 고백을 해 주었습니다. "얼마 전, 주님의 기도를 바치면서 놀라운 걸 발견했어. 잘 알다시피 주님의 기도는 일곱 가지 청원, 전반부 세 가지는 우리가 하느님을 올바르게 섬기도록 도와 달라는 기도와 후반부 네 가지는 인간으로서 우리가 기본적으로 필요로 하는 것을 하늘에 계신 아버지께 청하는 기도로 구성되어 있잖아. 그런데 내가 주님의 기도를 뚫어지게 쳐다보니까 딱 하나, 계속 무엇을 해 달라고 청하는 가운데 딱 하나, 우리가 하겠다고 말씀드리는 게 있더라고. 바로 '저희에게 잘못한 이를 저희가 용서하오니'라는 부분이었어. 난 지금까지 무조건 해 달라고 청하는 것만 주님의 기도인 줄 알았는데, 그때야 비로소 내가 용서하겠다고 약속하는 부분도 포함된 걸 알았어."

우리가 주님의 기도를 통해 하느님께 청하는 용서는 우리에게 잘못한 이들을 용서하겠다는 결심과 연결되어 있습니다. 우리가 잘못을 저지른 이에게 자비와 용서를 실천하지 못하면서 하느님께 자비와 용서를 청할 수 없습니다. 물론 하느님께서는 조건 없이 당신의 자비와 용서를 베푸십니다. 우리의 잘못이 크던 작던 하느님께서는 당신의 사랑을 베풀어 주시지요. 그런데 그런 놀라운 사랑과 자비를 받았음에도 불구하고 우리에게 잘못한 이들을 용서하지 못한다면 우리는 또 다른 죄로 하느님의 마음을 아프게 해 드리는 나쁜 자녀가 될 것입니다. 마치 어떤 임금에게 만 탈렌트라는 엄청난 빚을 탕감을 받았음에도 자기에게 겨우 백 데나리온을 빚진 동료를 용서하지 못한 채 멱살을 잡으며 빚진 것을 갚으라고 호통을 치는 매정한 종과 같습니다(마태 18,23-35 참조). 예수님께서는 이

비유를 통해 하느님께는 용서를 받았지만 이웃을 용서하지 못하는 우리의 매정한 모습에 이렇게 말씀하십니다. "너희가 저마다 자기 형제를 마음으로부터 용서하지 않으면, 하늘의 내 아버지께서도 너희에게 그와 같이 하실 것이다."(마태 18,35)

우리가 주님의 기도를 바칠 때 하느님의 자비와 용서를 청하는 것은 우리도 그렇게 용서하고 자비를 실천하겠다는 결심을 고백하는 것입니다. 물론 잘못한 이들을 용서한다는 것은 참으로 어렵습니다. 그렇다고 이것이 나에게 잘못한 사람을 무조건 이해하고 잘못한 사실을 그냥 묻어 두고 간다는 것을 뜻하지는 않습니다. 그리스도인에게 용서란 용서할 수 없음에도 하느님의 은총으로 용서하고 하느님의 자비 안에 머무르고자 노력하는 적극적인 사랑의 행동입니다. 하느님의 사랑과 용서가 얼마나 큰지 놀라움을 느낄 수 있는 우리 모두가 되기를 바랍니다. 이를 위해 삶 속에서 우리가 체험한 사랑이 무엇인지 늘 기억하고 감사할 수 있기를 빕니다. 이런 하느님의 사랑으로 이웃들에게, 가족들에게 하느님의 용서와 사랑을 베푸는 자비의 사도가 되길 기도합니다. 분명 이것은 우리의 힘만으로 할 수 없습니다. 그래서 더욱 간절히 주님의 기도 안에서 하느님의 은총을 청해야 합니다. 그리고 우리도 용서하겠다고 새롭게 결심해야 합니다.

 혹시 하느님께 용서만 청하고 자신에게 잘못한 이를 용서하지 못하는 매정한 종처럼 살고 있지는 않나요? 우리가 입은 자비는 무엇이고 그 자비를 전하기 위해 어떠한 노력을 기울이고 있나요?

여러분이

내일 부끄러워하지 않아도 될 만큼

오늘을 사십시오.

— 요한 보스코 성인